Literarische Streifzüge
Prag

Detlev Arens

Prag

Literarische Streifzüge

Artemis & Winkler

Die Deutsche Nationalbibliothek verzeichnet
diese Publikation in der Deutschen Nationalbibliografie;
detaillierte bibliografische Daten sind
im Internet über http://dnb.d-nb.de abrufbar.

© 2007 Patmos Verlag GmbH & Co. KG
Artemis & Winkler, Düsseldorf
Alle Rechte vorbehalten.
Printed in Germany
ISBN 978-3-538-07250-3
www.patmos.de

Inhalt

6 Vorwort

10 Die östliche Altstadt
33 Josefov
57 Die westliche Altstadt
76 Die untere Neustadt
107 Die obere Neustadt und Prag-Vinohrady
144 Kleines Intermezzo auf dem Vyšehrad
151 Kleinseite, ein Abstecher nach Prag-Smíchov
und Hradčin

191 Literaturhinweise
195 Bildnachweis
196 Personenregister

Vorwort

»Prag! mein Prag! Der Heimat Herz aus Stein du! – O wie tief bist du gesunken durch dein Laster!« So schmerzlich bewegt, mit der Heftigkeit eines alttestamentarischen Propheten ruft Karel Hynek Mácha (1810–1836) die Landeshauptstadt an. Der berühmteste tschechische Dichter des 19. Jahrhunderts entwirft in seiner Erzählung *Rückkehr* (entstanden 1833) ein düsteres Bild der Stadt.

Aber diese Sicht ist im Spektrum der tschechischen Literatur doch die Ausnahme. »O hunderttürmiges Prag / Mit Fingern aller Heiligen / eidbrecherischen Fingern / Feuerfingern / Musikantenfingern / […] mit abgehackten Fingern des Regens und der Theinkirche im Handschuh der Dämmerungen / mit Fingern der Inspiration / mit den Fingern, mit denen ich dieses Gedicht schreibe.« So besingt Vítězslav Nezval (1900–1958) die ›Stadt der Türme‹; wenn es um Prag geht, neigt sogar ein Schrittmacher der Moderne zum Hymnischen.

Dagegen lassen sich auch ganz nüchterne Einlassungen schneiden: »In Prag Ferien! Ist das statthaft: Nach dem, was mir noch vom ›Braunen Roß‹ und vom ›Goldenen Stern‹ in Erinnrung ist, würd' ich beide nicht zu den klimatischen Kurorten zählen; es ist in den Korridoren dieser alten Hotels so 'was ammoniakalisch-Hofbräuartiges auf alle Ewigkeit hin zu Hause. Ich kann doch nicht immer in der Moldau liegen, auch wenn sie nicht, wenigstens um die Nepomukbrücke herum, für meine sensitive Haut einen ewigen

Schudderton hätte.« – Das ist unverkennbar der Theodor-Fontane-Sound, diesmal in einem Brief an Gustav Karpeles vom 10. September 1880.

Etwa zwischen diesen Zitaten spannt sich das weite Spektrum der Prag-Bilder in der Literatur. Dabei fällt ins Auge, wie viele Autoren mit André Breton einig gingen, der Prag die »magische Hauptstadt Europas« genannt haben soll. Nur ist das Zitat nicht korrekt, Breton sagte »magische Hauptstadt des *alten* Europa«. Und in dessen Repräsentation geht Prag eben keineswegs auf. – Freilich schien dieses »alte Europa« hinter dem Eisernen Vorhang auf eigentümliche Weise zu überdauern, jedenfalls was das Erscheinungsbild der Metropole anging.

Die tschechischen Autoren begrüßten Breton bei seinem Prag-Besuch 1935 als führenden Vertreter des Surrealismus, also der damaligen Avantgarde-Kunst. Überhaupt hatten sich die Poeten etwa seit der Wende vom 19. zum 20. Jahrhundert nach und an Frankreich orientiert, in ihren Augen war dieses Land die Speerspitze kulturellen Fortschritts. Und als Vorkämpfer für die Freiheit der Literatur verstanden sich manche tschechischen Dichter auch noch, als sie später mit den Wölfen des Parteiapparats heulten.

»Ich habe mich gefragt und immer wieder gefragt, was es wohl gewesen sein kann, daß Prag in einer einzigen jüdischen Generation eine solche Zahl von großartigen Talenten, ja zwei Genies hervorgebracht hat«, grübelte Willy Haas noch 1961. Die deutschsprachige Prager Literatur war ein Phänomen, das schon bei den Zeitgenossen Aufmerksamkeit fand, wenngleich nicht immer Anerkennung. Prager Autoren wie Franz Werfel oder Paul Kornfeld prägten den Expressionismus.

Später ließen sie ihn hinter sich und hielten zu den folgenden Ismen Distanz. Wesentlichen Anteil daran, dass von

einer pragerdeutschen Literatur noch gesprochen werden konnte, als ihre Träger in Wien, Berlin oder Leipzig ansässig waren, hatten die zwei bzw. drei deutschen Zeitungen Prags, allen voran das *Prager Tagblatt*, dann die *Bohemia* und – nach Gründung der Republik – die regierungsnahe *Prager Presse*.

Okkupation und Zweiter Weltkrieg löschten auch diese Dichtung aus. Ihre Autoren waren tot oder lebten in anderen Ländern, ohne Aussicht, je wieder nach Prag zurückzukehren. Doch gerade während der Jahre um 1933 hatte sich ein Zusammengehen deutsch- und tschechischsprachiger Schriftsteller abgezeichnet, das unter dem Horizont der äußeren und äußersten Bedrohung die konkrete Utopie einer zweisprachigen Literaturstadt aufscheinen lässt. Nicht zuletzt dieser Perspektive verdankt Prag seine Faszination.

Das literarische Leben der Stadt blieb weiter durch die politischen Verhältnisse bestimmt. 1948/49 ergriffen die Kommunisten endgültig die Macht. Kurze Perioden des ›Tauwetters‹ oder gar ›Frühlings‹ folgten langen Phasen der Unterdrückung, in der Sprachregelung des Staatsapparats ›Normalisierung‹ genannt. Nach 1968 kehrten viele Dichter ihrem Land den Rücken oder wurden ausgebürgert, einige schrieben später in der Sprache ihrer neuen Heimatländer.

Immerhin sind die Werke der Prager deutschen Literatur heute keine ›Böhmischen Dörfer‹ mehr. Auf Lenka Reinerová, die letzte Vertreterin dieser Literatur, geht die Initiative eines Prager Literaturhauses zurück, das – vorläufig noch unbehaust – doch über eine Internet-Adresse verfügt (www. prager-literaturhaus.com). Unerschrocken bemühen sich oft akademische Herausgeber und meist kleinere Verlage, Werke der weniger bekannten pragerdeutschen Autoren wieder zugänglich zu machen.

Dieser Band profitiert davon, ebenso von Initiativen wie der

Tschechischen Bibliothek. Deutschen Lesern geben sie Gelegenheit zur Erkundung einer Literatur, die jenseits von Jaroslav Hašek oft eine terra incognita ist. Dabei leisten sie Pionierarbeit unter besonders schweren Bedingungen: Viele tschechische Dichter waren der Gattung Lyrik zugetan, die einen Übersetzer vor die heikelsten Probleme stellt.

In der DDR wurden beachtlich viele deutschsprachige Ausgaben tschechischer Belletristik veröffentlicht, sie sind in größeren Bibliotheken greifbar. Den literarischen Bannerträgern des Prager Frühlings kam hierzulande wenigstens der ›Dissidentenbonus‹ zugute. Er gilt nicht mehr für die jüngeren Autoren des Landes, sie werden nur noch spärlich übersetzt.

Aber natürlich ist Prag auch weiterhin die Literaturmetropole Tschechiens. Und so liegt über der Stadt ein dichtes Netz von Orten »mit poetischer Lizenz«, um Egon Erwin Kisch zu zitieren. Die literarischen Streifzüge wollen dieses Netz sicht- und begehbar machen.

Die östliche Altstadt

SEIN UND ZEIT. Das will in Prag etwas heißen: Die dichteste Menschentraube sammelt sich zur vollen Stunde vor dem Altstädter Rathaus. Alle blicken auf die große Uhr mit ihren zwei prächtigen Scheiben, wenn sich auch kaum jemand auf die komplizierte und komplexe Zeitanzeige einlassen wird. Doch beim Glockenschlag tritt der Apostelzug aus den Fenstern, läutet der Tod mit der rechten Hand – was wohl? – das Sterbeglöckchen, während seine Linke das Stundenglas umkehrt. Das soll zumindest dem Türken an seiner Seite bedeuten, dass ihm als Allegorie des Heidentums sein letztes Stündlein geschlagen hat. Abschließend kräht – seit 1882 – der Hahn. Nicht zuletzt fußt auf der ingeniösen Mechanik dieser Uhr, die bis ins 15. Jahrhundert zurückgeht, auch eine der bekanntesten, oft nacherzählten Prager Sagen. Danach ließen die Ratsherren ihren Schöpfer blenden, um die Einmaligkeit seines Wunderwerks sicherzustellen. Jaroslav Seifert (1901–1986), 1984 erster tschechischer Nobelpreisträger für Literatur, hat in seinen Erinnerungen *Alle Schönheiten der Welt* festgehalten, wie er als Junge hinter die Kulissen schauen konnte: »Die Tierkreiszeichen interessierten mich damals noch nicht sonderlich, indes habe ich zu meiner Bestürzung aus der Nähe mit ansehen müssen, daß die Apostel, die ich, auf dem Pflaster vor dem Turm stehend, stets ungemein bewundert und andächtig bestaunt und beinahe für lebendig gehalten hatte, eigentlich nur Rümpfe sind, auf einem Holzrad befes-

tigt, das sich langsam dreht. […] Das war eine Entzauberung, die mich schmerzhaft erschütterte.« – Seiferts *Schönheiten* ist auch ein Prag-Buch, das viele Örtlichkeiten der Stadt vergegenwärtigt. Der Dichter lässt vor allem die Epoche zwischen den Kriegen Revue passieren, lässt die Aufbruchstimmung lebendig werden, die Autoren nicht anders als Maler und Kunsttheoretiker beflügelte. Es fällt mancher Name, der deutschen Lesern nichts oder wenig sagt. Aber hier spricht ein immer noch Begeisterter, auch wenn Seifert nicht mehr das ungesattelte Pferd der Avantgarde reitet.

Ganz anders erinnert sich der pragerdeutsche Schriftsteller Rudolf Fuchs (1890–1942). Im Londoner Exil schreibt er sein Gedicht *Die Prager Aposteluhr*. Die Apostel dieser Verse sind allerdings Figuren der Zeitgeschichte wie etwa Lenin oder Gustav Mahler. In einer doppelten Perspektive sieht er sich als zwölften Apostel – »und find mich unten in der Menge stehn, / den Hals gereckt, um besser mich zu sehn«. Auch diesen Zug beschließt der Hahnenschrei: »Jetzt kräht der Hahn. Das Fenster ist verstellt … / Ich lebe fern, in einer fremden Welt.« – Große Verdienste hat sich Rudolf Fuchs ebenfalls als Übersetzer aus dem Tschechischen erworben, seine Übertragung der *Schlesischen Lieder* von Petr Beruč erschien 1916 im Leipziger Verlag Kurt Wolff, Franz Werfel schrieb dazu das Vorwort. In London starb Fuchs bei einem Verkehrsunfall. 1956, also 12 Jahre nach seinem Tod, kam seine Urne nach Prag, dort wurde sie auf dem jüdischen Friedhof Malvazinka im Stadtteil Smíchov beigesetzt.

ALTSTÄDTER RING. Der Altstädter Ring (Staroměstské náměstí) ist das Zentrum des historischen Prag, ein geschichtsträchtiger Ort, der schon deswegen Eingang in die Literatur gefunden hat. Zu den Kerndaten der tschechischen Geschichte gehört der 21. Juni 1621, als die Habsburger auf

Altstädter Ring mit Altstädter Rathaus (links) und Teynkirche

dem Platz ein blutiges Exempel statuierten. Sie übten nach der Schlacht am Weißen Berg eine Siegerjustiz und brachten 27 Männer ums Leben, die von der Staatsmacht als Stände-Vertreter, als Vertreter der »böhmischen Freiheit« ausgemacht worden waren. Ein historischer Roman wie *Magister Kampanus* (1906/07) des Tschechen Zikmund Winter hat diese Exekutionen ebenso geschildert wie Leo Perutz in seinem Prag-Roman *Nachts unter der steinernen Brücke* (1953). Rainer Maria Rilke gedenkt ihrer im Gedichtband *Larenopfer* (1895): »Am Ring stand einst ein Blutgerüst«.

Jaroslav Seifert kennt noch den ›alten‹ Altstädter Ring, den Ring vor der sehr umstrittenen Platzerweiterung. »Das Hus-Denkmal existierte damals noch nicht, und die unglückliche Jungfrau Maria, auf deren Stufen ebenfalls Buden standen, schaute, neben sich vier Engel, von der hohen Säule auf das Treiben herunter.« Nachdem diese barocke Mariensäule mit dem gewaltigen, 1915 eingeweihten Hus-Denkmal drei Jahre lang eine mehr oder weniger friedliche Koexistenz geführt hatte, wurde sie als vermeintliches Symbol der Habsburger-Herrschaft 1918 niedergerissen.

LITERARISCHER SALON FANTA. Am Altstädter Ring 18 führte Bertha Fanta (1865–1918) mit ihrer Schwester Ida Freund im ersten Dezennium des vergangenen Jahrhunderts einen berühmten Salon. Beide gehörten zu den ersten Frauen, die ihre Teilnahme an Lehrveranstaltungen der Prager Universität durchgesetzt hatten. Bertha Fanta – verheiratet mit dem begüterten Inhaber der altehrwürdigen Apotheke ›Zum Einhorn‹ – gebot auch über die materiellen Ressourcen, um glanzvoll Cercle zu halten. Den Schwestern wurde öfter vorgeworfen, sie hätten sich den jeweiligen geistigen Modeströmungen allzu willig überlassen und ihre Gäste nach fragwürdigen Kriterien ausgewählt. Nach dem

Zeugnis einiger Besucher setzten sich die Veranstaltungen des Salons jedoch sehr ernsthaft mit ihren Gegenständen auseinander. Volle zwei Jahre etwa waren der Philosophie Kants gewidmet, so jedenfalls erinnert sich Max Brod in seiner Autobiographie *Streitbares Leben*. Er gibt dort auch einen kleinen Einblick in das staunenswert breite Themenspektrum: »Prof. Gerhard Kowalewski berichtet [...], daß er bei einem der Abende im Hause Fanta einen Vortrag über Mengentheorie gehalten habe. Ähnlich hörten wir von anderen Wissenschaftlern zum erstenmal Referate über Psychoanalyse, über die Theorie Einsteins.« Brod resümiert: »Ich habe in meinem Leben nie so gründlich und mit solcher Freude gelernt wie im Haus Fanta.«

EIN SCHULWEG VON FRANZ KAFKA. 1896 wurde das Haus U minuty (Zur Minute) dem Altstädter Rathaus angegliedert. Damals mussten die Mieter ausziehen, es traf auch die Familie Kafka. Immerhin sieben Jahre hatte sie hier gewohnt und den Erstklässler Franz in Begleitung der Köchin zur ›Deutschen Volks- und Bürgerschule in Prag I‹ geschickt, heute das Gebäude Masná (Fleischmarkt) 18. Wohl am 21. Juni 1920, fast 37 Jahre alt, schreibt er Milena Jesenská: »Wir wohnten in dem Haus, welches den kleinen Ring vom großen Ring trennt. Da ging es also zuerst über den Ring, dann in die Teingasse dann durch eine Art Torwölbung in die Fleischmarktgasse zum Fleischmarkt hinunter. Und nun wiederholte sich jeden Morgen das Gleiche wohl ein Jahr lang. Beim Aus-dem-Haus-Treten sagte die Köchin, sie werde dem Lehrer erzählen, wie unartig ich zuhause gewesen bin. Nun war ich ja wahrscheinlich nicht sehr unartig, aber doch trotzig, nichtsnutzig, traurig, böse und es hätte sich daraus wahrscheinlich immer etwas Hübsches für den Lehrer zusammenstellen lassen. Das wußte ich

und nahm also die Drohung der Köchin nicht leicht. [...]
Nun war ja die Schule schon an und für sich ein Schrecken,
und jetzt wollte es mir die Köchin noch so erschweren. Ich
fing an zu bitten, sie schüttelte den Kopf, je mehr ich bat
[...], ich hielt mich an den Geschäftsportalen, an den Eck-
steinen fest, ich wollte nicht weiter, [...] aber sie schleppte
mich weiter unter der Versicherung, auch dieses dem Lehrer
noch zu erzählen, es wurde spät, es schlug 8 von der Jacobs-
kirche, man hörte Schulglocken, andere Kinder fingen zu
laufen an, vor dem Zuspätkommen hatte ich immer die
größte Angst, jetzt mußten wir laufen und immerfort die
Überlegung: ›sie wird es sagen, sie wird es nicht sagen‹, nun
sie sagte es nicht, niemals [...]‹‹ – Wegen solcher Passagen
erkennen viele Kafkas Briefen literarischen Rang zu. Und
jedenfalls ist hier die Untersicht auf das eigene Leben auch
eine ästhetische Perspektive, wie sie sich ganz ähnlich in seinen Romanfragmenten und Erzählungen findet.

KAFKAS PRAG. Vom Werk her betrachtet, gehört
hinter diese Überschrift ein Fragezeichen. Nur am frühen
Fragment *Beschreibung eines Kampfes* lässt sich die Prager
Topographie ablesen. Und als Franz Kafka für sein erstes
Buch (besser Büchlein) *Betrachtung* Stücke aus diesem Text-
konvolut auswählte, ist darunter keines mit namentlichem
Prag-Bezug.
So bleibt nur die – auch nicht autorisierte – Passage aus
dem *Verschollenen*: Die nach Amerika verschlagene Hauptfigur Karl Rossmann gibt sich vor der Oberköchin eines
großen Hotels als gebürtiger Prager zu erkennen. Sie, eine
Wienerin namens Grete Mitzelbach, begrüßt in ihm einen
Landsmann, auch kenne sie Prag »ganz ausgezeichnet, ich
war ja ein halbes Jahr in der Goldenen Gans auf dem Wenzelsplatz angestellt«. (Karl teilt ihr mit, dass die »alte« Gol-

dene Gans »vor zwei Jahren niedergerissen worden« sei –
aber dem Nachfolgebau von 1909 blieb der Name und die
Adresse: Wenzelsplatz 7.)

Sonst keine Spur von Prag, allen Mutmaßungen der Kafka-
Interpreten zum Trotz. Ab und an scheint die eine oder
andere Lokalität auf die Stadt und ihre Umgebung hin-
zudeuten, aber zwingend ver-orten lässt sich eben keine.
Dagegen ist sie im Werk seines engsten Freundes Max Brod
sehr präsent, auch andere Autoren haben mit dem Pfund
Moldaumetropole reichlich gewuchert. Aus der Abwesen-
heit von Prag in Kafkas Werk lässt sich zumindest eines fol-
gern: sie ist kein Zufall.

Allerdings: So wenig sie in den Erzählungen und Romanen
gegenwärtig ist, so sehr bestimmt die Stadt Kafkas Leben.
Davon zeugen auch die (vielen erhaltenen) Briefe und Tagebücher, in denen Prag eine große Rolle spielt. Sein Hebrä-
isch-Lehrer Friedrich Thieberger (seit 1918 lernte Kafka
diese Sprache) erinnert sich an eine Äußerung des Dichters
in dessen elterlicher Wohnung: »Als wir einmal vom Fenster
auf den Ringplatz [den Altstädter Ring, D. A.] hinunter-
schauten, sagte er, auf die Gebäude weisend: ›Hier war mein
Gymnasium, dort in dem Gebäude, das herübersieht, die
Universität und ein Stückchen weiter links mein Büro. In
diesem kleinen Kreis‹ – und mit seinem Finger zog er ein
paar kleine Kreise – ›ist mein ganzes Leben eingeschlos-
sen.‹«

Kafkas Geste umschreibt mit Hilfe des äußeren ein inneres
Prag von bedrängender Enge. Schon 1902 schreibt er an
Oskar Pollak, hier freilich noch in recht forschem Ton:
»Prag läßt nicht los. […] Dieses Mütterchen hat Krallen. Da
muß man sich fügen oder –. An zwei Seiten müßten wir es
anzünden, […] dann wäre es möglich, das wir loskom-
men.« Aber Kafka war ohnehin kein Mensch der Gewalt-

akte. Nur für kurze Ferien (später für längere Kuren) konnte er der Stadt den Rücken kehren, erst gegen Ende seines Lebens und schon unter dem Horizont seiner Krankheit zum Tode ließ er sie wirklich hinter sich.

So ist Prag mehr eine Chiffre für Kafkas Gebanntheit vor den sogenannten Lebensumständen. Von Prag nicht loszukommen hieß ja, sich nicht vom ungeliebten Elternhaus, von der ungeliebten Büroarbeit trennen zu können. Damit bleibt er an die Stadt gebunden, der zwangsläufig etwas Übermächtiges zuwachsen muss.

Andere Autoren deutscher Zunge haben Prag frühzeitig den Rücken gekehrt. Sie taten es so zahlreich, dass 1922 das *Prager Tagblatt* die ergiebige Umfrage initiieren konnte: Warum haben Sie Prag verlassen? Kafka blieb und sollte sich in die Weltliteratur einschreiben. Sein Nachruhm widerlegt Franz Werfels Einschätzung von 1908: »Das kommt nie über Bodenbach hinaus.« (Bodenbach war der böhmische Bahnhof an der Grenze zu Sachsen.) Allerdings reagierte er derart apodiktisch auf Texte aus dem Umkreis der *Betrachtung*, kleine Prosa also, die bei flüchtigem Lesen als bloße Talentprobe gelten konnte.

Erst mit 31 Jahren und dann auch nur unter dem Druck der Kriegsverhältnisse bezog Kafka ein eigenes Zimmer, seine weiteren Wohnungen ließen sich zu einem schönen Rundgang durch den historischen Prager Kern verbinden. Dieser Weg endet nur einen Steinwurf von seiner Geburtsstätte entfernt am schon erwähnten Elternhaus am Altstädter Ring. Darüber hinaus erlaubte eine Stadterkundung auf den Spuren des Dichters einen Ausflug nach Schloss Troja, wo er 1918 für einige Wochen gärtnerte. Begraben liegt er auf dem Jüdischen Friedhof in Prag-Strašnice; auf dem Grab erinnert eine Steintafel auch an seine drei Schwestern, die in den Vernichtungslagern der Nationalsozialisten umkamen.

Heute heißt die kleine Aufweitung vor seiner Geburtstätte naměstí Franze Kafky (Franz-Kafka-Platz), und sie selbst beherbergt ein Kafka-Museum. Es ist allerdings nicht mehr das Gebäude, in dem Franz Kafka zur Welt kam. Übrigens hatte es bereits zur Zeit seiner Geburt entschieden bessere Tage gesehen, immerhin war es als Prälatur der slawischen Benediktiner zu St. Nikolaus zwischen 1717 und 1730 errichtet worden. So lag es zwar am Rand, gehörte aber selbst nicht zur alten Judenstadt. Seit 1787 diente die Prälatur als Wohnhaus, und seine kleinen, engen Quartiere konnten ein Jahrhundert später keinesfalls mehr dem gehobenen Standard zugerechnet werden. 1902 wurde es im Zuge der Assanierung durch den heutigen Bau ersetzt, dessen neobarocker Fassade immerhin das Portal seines barocken Vorgängers erhalten blieb.

1966 brachte man hier die Gedenktafel samt Reliefbüste für den Dichter an. Bis dahin war Kafkas Werk von den Machthabern als ›dekadent‹ gebrandmarkt oder einfach totgeschwiegen worden. Eine Neubewertung leitete eine Konferenz über Franz Kafka ein, die der namhafte Prager Germanist Eduard Goldstücker 1964 einberief. Mit einer weiteren Tagung über die Prager deutsche Literatur ein Jahr später stand sie für eine Liberalisierung des realsozialistischen Systems, die dann zum ›Prager Frühling‹ von 1968 führte.

PALAIS GOLTZ-KINSKÝ. Der Rokoko-Palast am Altstädter Ring verdient Aufnahme zumindest in die Fußnoten der Literaturgeschichte. Franz Joseph Graf Kinský (1739–1805) eröffnete 1773 die Reihe der sogenannten Sprachverteidigungen, die sich gegen damals noch geläufige Missachtung des Tschechischen zur Wehr setzen. In seiner – auf deutsch abgefassten Schrift – *Erinnerung über einen*

wichtigen Gegenstand von einem Böhmen finden sich die Zeilen: »Ich gestehe, dass ich als guter Abkömmling der Slawen das Vorurteil mitgeerbt habe, es müsse, wenn die Muttersprache eines Franzosen das Französische und eines Deutschen die Deutsche ist, solches für einen Böhmen auch die böhmische sein.« – Aber natürlich hatte ein Geschlecht wie das der Kinskýs auch seine Haudegen-Tradition. Und als Tochter des Generals Franz Graf Kinský wurde am 9. Juni 1843 Bertha Sophia Felicitas Gräfin Kinský geboren, die 1876 Arthur Gundaccar Freiherr von Suttner heiratete. 1889 erschien ihr Roman *Die Waffen nieder,* und der Imperativ dieses Buchtitels blieb bis heute mit dem Lebenswerk Bertha von Suttners verbunden. In den europaweit gewaltigen Widerhall des keineswegs durchgängig geglückten Werks mischten sich auch hämische Töne, so pöbelte der Erfolgsschriftsteller Felix Dahn *(Ein Kampf um Rom)*: »Die Waffen hoch – das Schwert ist Mannes eigen. / Wo Männer fechten, hat das Weib zu schweigen.« Und der allerdings ganz junge Rilke bramarbasierte: »Darum haltet fest den Säbel in der Rechten, / Lasst nimmer ihn entsinken eurer Hand, / Und ruft die Not, dann seid bereit zu fechten / Bereit zu sterben für das Vaterland.« Bertha von Suttner kam im Palais am Altstädter Ring zur Welt, freilich in einem Nebenflügel. Ihr Vater war fünfundsiebzigjährig kurz vor ihrer Geburt gestorben, seine knapp fünfzig Jahre jüngere Frau galt als nicht standesgemäß. Ein ebenfalls entschieden weniger prunkvolles »Hinterhaus« (Max Brod) des Palais beherbergte das ›K. k. Staatsgymnasium mit deutscher Unterrichtssprache in Prag-Altstadt‹, auf dem Franz Kafka seinen höheren Schuldienst ableistete (Abitur oder Matura 1901). Im berühmten *Brief an den Vater* hat er sich über seine Gymnasialzeit geäußert, einmal mehr unter dem Leitmotiv Furcht und Schrecken: »Immer war ich überzeugt, daß, je

19

mehr mir gelingt, desto schlimmer es schließlich wird ausgehen müssen«. Bleibt, aber wirklich nur am Rande, anzumerken, dass Vater Kafka seit Herbst 1912 (bis Juli 1918) im Palais sein Galanteriewarengeschäft en gros hatte – und zwar im Erdgeschoss an der repräsentativen Platzfront.

HANS CHRISTIAN ANDERSEN. Dass die Prager Haupt-, also die Teynkirche in die Prag-Belletristik einging, überrascht so sehr nicht. Doch meist wird hier über Bande gespielt: denn vor allem inspirierte die Literaten hier ein Grab, das von Tycho Brahe (1546–1601). Erst 1599 kam dieser Astronom an den Hof Kaiser Rudolfs II., aber die zwei Jahre reichten für seine lokale Berühmtheit. Sie verdankt sich allerdings nicht so sehr seiner Beobachtung der Gestirne, sondern vielmehr seiner goldenen Nasenprothese. Die trug Brahe, seit er den eigenen Gesichtsmittelpunkt angeblich beim Duell verloren hatte. Ernsthafter setzt sich Max Brod mit dieser Figur in seinem Roman *Tycho Brahes Weg zu Gott* (1915) auseinander. Wenn Hans Christian Andersen die Stadt besuchte, dann auch das Grab seines Landsmanns. »Wessen Gebeine vermodern hier? Die eines Landsmannes, eines Dänen, eines der Großen des Geistes, dessen Name Glanz über Dänemark verbreitet – jenes Land, das ihn verjagte. Seine heimische Burg ist in Schutt und Asche gesunken, der Pflug zieht seine Furchen, wo er in der traulichen Stube Schriften durchforschte und den Besuch von Königen empfing; die Möwen fliegen durch die Luft, wo er auf dem Turm in den Sternen las.« In diesen Zeilen schwingt die Bitterkeit eines Autors, der sich im eigenen Land ebenfalls nicht anerkannt fühlte.

BERNHARD BOLZANO. Auch die Celetná bietet etliche Gelegenheiten, auf Franz Kafka hinzuweisen, gleich

an der Ecke zum Altstädter Ring (Nr. 3) lebte die Familie vom September 1896 bis Juni 1907, bis 1906 hatte Vater Hermann im Erdgeschoss sein Geschäft. Einige Meter stadtauswärts erinnert am Haus Celetná 25 eine Tafel an Bernhard Bolzano (1781–1848), der hier seit 1841 bis zu seinem Tod wieder ständig bei seinem Bruder wohnte. An der Prager Universität hatte Bolzano zunächst Philosophie, Mathematik, Physik und dann katholische Theologie studiert. 1805 empfing er die Priesterweihe, zwei Jahre später erhielt er eine Professur für Religionslehre. Doch Bolzanos Theologie blieb am Geist der Josephinischen Aufklärung orientiert, die im Österreich der Restauration zum Feindbild geworden war. 1819/20 musste er wegen ›Irrlehren‹ seinen Lehrstuhl aufgeben, aber die Königlich Böhmische Gesellschaft der Wissenschaften ermöglichte ihm weiterhin den Kontakt zur Gelehrtenwelt. Seine bahnbrechenden Beiträge zur Analysis und seine Vorarbeiten zur Mengenlehre haben Bolzano einen Ehrenplatz im Pantheon der Mathematik gesichert. Weniger bekannt ist sein Einsatz für einen böhmischen Landespatriotismus, greifbar vor allem in seinen Erbauungsreden. Er sah, besser beschwor die gemeinschaftliche Zukunft von Tschechen und Deutschen und appellierte, ganz aufklärerischer Optimist, an seine Hörer: »Ein jeder Böhme suche bei jeder Gelegenheit dem Deutschen Güte und Liebe zu erweisen, ein jeder Deutsche tue ein Gleiches an dem Böhmen; und ich bin gewiss, wenn nur das kleine Häuflein der hier Versammelten diese Regel befolgen will, in weniger als zwei Jahrzehnten müsste aller Hass der beiden Volksstämme unsers Landes verloschen und vertilgt sein!«

KLEINE PRAGER HOTELREMINISZENZ. »Wir läuteten beim ›Schwarzen Ross‹. Besetzt! Beim ›Blauen Stern‹. Besetzt! Beim ›Goldenen Engel‹. Besetzt!« So erging

es Theodor Fontane 1866 in Prag – möglicherweise, weil er als Berichterstatter der siegreichen Macht im preußisch-österreichischen Krieg erkannt worden war. Von den genannten, den renommierten Prager Hotels des 19. Jahrhunderts hat allein der ›Goldene Engel‹, Celetná 29, überlebt, und auch der nur als Adresse, respektive Hausname. Damals ergab sich zwanglos, dass hier auch berühmte Autoren abstiegen, unter anderen Michail Bakunin, Teilnehmer des Slawenkongresses von 1848. Die Prager Erhebung im Revolutionsjahr sah den russischen Anarchisten und Berufsrevolutionär in seinem Element, gleich träumte er von einem freien Staat aller Slawen mit einer Hauptstadt Prag. Bekanntlich mussten sich auch die hiesigen Barrikadenkämpfer der Militärmacht geschlagen geben, und spätestens das Scheitern der Verschwörung vom Frühjahr 1849 machte Bakunins Hoffnungen zunichte.

EIN BEDIENTER DES ENGLISCHEN KÖNIGS.

Ich habe den englischen König bedient (dtsch. 1989) heißt die wohl bekannteste Arbeit Bohumil Hrabals (1914–1997). Jedenfalls ist es diejenige, die am heftigsten mit der großen Form kokettiert, womöglich sogar mit dem Entwicklungsroman. Denn sein Ich-Erzähler bringt es vom Pikkolo zum Hotelier und Millionär. Schließlich wird er auf eigenen Wunsch enteignet und zieht sich nach einem recht fidelen Gefängnisaufenthalt in den Wald zurück. Hrabal zieht hier alle Register des political incorrectness. Jan Dítě erinnert zuweilen an Thomas Manns Felix Krull, ist jedoch ein Opportunist, wie er im Buch steht. Er paktiert mit den deutschen Besatzern, heiratet eine stramm nationalsozialistische Turnlehrerin aus Eger, seine Hotels kauft er mit Hilfe wertvoller Briefmarkensammlungen, um die seine Frau jüdische Deportierte gebracht hat. Ein Teil des Werks spielt

Bohumil Hrabal im Jahr 1979

im Hotel Paříž (U Obecního domu 1), wo der Kellner Skrivánek den Anti-Helden mit seiner Art Menschenkenntnis vertraut macht.

IM PARADIES DER WÜRSTE. Zugegeben, Joseph Wechsberg (1907–1983) ist in Moravská Ostrava (Mährisch Ostrau) und damit im Zentrum des tschechischen Kohlereviers geboren, doch Jura studierte er in Prag (und Paris). Schon früh frönte Wechsberg seiner Leidenschaft für gutes Essen auch literarisch. Mit der böhmischen Küche wusste er das äußere Erscheinungsbild seiner Landsleute zu erklären: »Ein Volk, das sich derart für Knödel erwärmte, konnte nicht viel Rücksicht auf seine Taillenweite nehmen. Die Pragerinnen waren lebhaft und charmant, aber selten schlank und langbeinig.« Das Gericht (hier als Bauwerk) am Obstmarkt, gleich an der Mündung zur Celetná, gibt dem Autor Gelegenheit, sich über die Frühstücksgewohnheiten des Personals auszulassen. Danach bedienten sich sämtliche Organe der Rechtspflege aus der hier ansässigen Wurstbude. Rasch gerät die Erinnerung zu einer Apotheose der *vuršty*, die zudem von der Vorurteilslosigkeit dieses Feinschmeckers eindrucksvoll Zeugnis ablegt. »Die Güte der *vuršty* prüfte man, indem man mit einer Gabel hineinstach. Waren die *vuršty* frisch und richtig zubereitet, so spritzte der Saft dem Esser ins Gesicht. *Vuršty*-Esser erkannten einander an den Fettflecken auf ihren Krawatten und Jackenaufschlägen. Sie trugen diese Flecken so stolz zur Schau, als wären es Tapferkeitsmedaillen.« Solch muntere Sätze schrieb ein tschechoslowakischer Jude, dem wenigstens die Flucht nach Amerika gelang und der als (englischsprachiger) Journalist erfolgreich war. Das Prag-Buch von Joseph Wechsberg erschien allerdings nie in seiner Muttersprache, obwohl es einen programmatischen Untertitel trägt: *The mystical city.*

STAVOVSKÉ DIVADLO / STÄNDETHEATER.

Es gefiel den Karmelitermönchen von St. Gallus gar nicht, was ihnen der Oberstburggraf Franz Anton Graf Nostitz direkt vor die Klosterpforte setzen wollte. Sie protestierten gegen das »unsittliche ketzerische Komödiantentum« und wussten sich da weitgehend einig mit den Professoren der gleichfalls eng benachbarten Universität. Es half nichts. »Das Nationalspectakel in unserer [deutschen, D. A.] Muttersprache« wurde gebaut. Kaiser Josef II. hatte das Vorhaben ausdrücklich gebilligt. Franz Anton Graf Nostitz (-Rieneck), höchster Staatsbeamter im Königreich Böhmen, übernahm die Kosten, darum heißt das Gebäude noch heute auch Nostitz-Theater. Eröffnet wurde es am 21. April 1783 mit Lessings Trauerspiel *Emilia Galotti*. Dieser Beginn trug den massiven Einwänden von Klostergeistlichkeit und Professorenschaft insofern Rechnung, als es hier um zentrale Fragen der Sittlichkeit geht. Die erste Vorstellung in tschechischer Sprache fand hier 1787 statt, im gleichen Jahr, am 29. Oktober hob sich der Vorhang zur Uraufführung von Wolfgang Amadé Mozarts *Don Giovanni*. Übrigens hat diese Premiere nicht nur Opern-, sondern auch Literaturgeschichte gemacht. Sie spielt eine Rolle in E. T. A. Hoffmanns *Don Juan*, in Eduard Mörikes Novelle *Mozart auf der Reise nach Prag* und in der Erzählung des pragerdeutschen Autors Ferdinand Carl Weiskopf *Mozart und Casanova*. Mit František Škroups Oper *Dráteník* (Drahtzieher) gelangte 1827 das erste Stück des tschechischen Musiktheaters auf den Spielplan. Škroup schrieb auch die Musik zu Tyls Komödie *Fidlovačka* (Das Frühlingsfest der Prager Schuster). Aus diesem Stück stammt die tschechische Nationalhymne *Kde domov můj* (Wo ist meine Heimat). Nach Josef Kajetán Tyl (1808–1856) heißt das Haus ebenfalls Tyl-Theater, sicher auch deshalb, weil Tyl hier seit 1846 als Dramaturg für die

tschechischsprachigen Produktionen wirkte. Er machte das Projekt ›nationale Wiedergeburt‹ zu seiner Sache, für die er sich ebenfalls journalistisch engagierte. Die Schaubühne verstand Tyl als wirksames Forum zur Verbreitung des Tschechentums. Fast alle seine Stücke sind auf dieses thematische Zentrum seines Schaffens bezogen, ihm vor allem verdanken Tyls Werke ihre außerordentliche Popularität.

NOVEMBER 1920. »Mein Vater, der damals Dramaturg war, wurde grob aus seinem Büro entfernt und kam zur Überraschung meiner Mutter ungewohnt früh zum Essen nach Hause«, so Peter Demetz in seiner Prag-Geschichte. Die Erinnerung liegt einige Jahre vor der Schwelle, an der er selbst in diese Geschichte als Zeitzeuge eintritt. Wenige Seiten später greift er die Begebenheit noch einmal auf. »Selbst als ein nationalistischer Mob im November 1920 das alte Ständetheater für die tschechische Nation okkupierte und meinen Vater aus dem Büro die Treppe hinunterwarf, nahm er das (wie er mir erzählte) als einen Verkehrsunfall der böhmischen Geschichte hin.« So leicht wie Hans Demetz nahmen es andere Autoren nicht. Ernst Weiß antwortet auf die Umfrage ›Warum haben Sie Prag verlassen?‹: »Da wirkte erschütternd im Inneren, entscheidend im äußeren Leben, die Wegnahme des alten Landestheaters. Es war die einzige Bühne, die ich wirklich geliebt habe, sie war für mich etwas Unersetzliches. […] Und nicht nur für mich allein. Nicht ich allein konnte nicht mehr an dem alten Hause vorbeigehen ohne ein Gefühl der Bitterkeit. Sentimentalität liegt mir im allgemeinen fern. Aber ich konnte nicht mehr in einer Stadt leben, wo solche Erlebnisse möglich sind.« Auch F. C. Weiskopf hat diese feindliche Übernahme in seinem Roman *Das Slawenlied* erwähnt: »Das deutsche Landestheater wird von den De-

monstranten beschlagnahmt und ›als Vergeltung für Unrecht und Gewalt‹ dem tschechischen Schauspielerklub
übergeben.« Wenige Zeilen später stellt er sie in den Zusammenhang: »Denn wie die früheren ist auch diese
›Kundgebung des Staatsbewußtseins‹ (wie der Primator die
Exzesse nennt) zugleich deutsch-feindlich und antisemitisch.« – Es waren die Tage vom 16. bis zum 19. November,
Tage, in denen Franz Kafka an Milena Jesenská schrieb:
»Die ganzen Nachmittage bin ich jetzt auf den Gassen und
bade im Judenhaß. […] Ist es nicht das Selbstverständliche,
dass man von dort weggeht, wo man so gehaßt wird (Zionismus oder Volksgefühl ist dafür gar nicht nötig)?«

FRANZ WERFELS TRAUERHAUS. Das unauffällige Gebäude in der Kamzíková 6 (Gemsen- oder geläufiger
Gamsgasse) ist Franz Werfels ›Trauerhaus‹. Im wirklichen
Leben war es just das Gegenteil. Allerdings nicht irgendeines
dieser Häuser, sondern das nobelste der Hauptstadt. »Wir
haben es ja hier mit einem Etablissement zu tun, das die
Bezeichnung ruhig ablehnen kann, die ihm ein ungeglieder-
ter und armseliger Sprachschatz verleiht. […] Hier aufgenommen zu sein, das bedeutete den Eintritt in höhere
Lebenskreise.« Zum Trauerhaus wird das Bordell durch den
plötzlichen Tod seines Inhabers. Max Stein stirbt am Tag des
Attentats auf den Thronfolger und seine Gattin in Sarajewo.
Sein Ende bedeutet auch das des von ihm geführten Be-
triebs, und so findet Werfel eine drastische Metapher für
den Untergang der habsburgischen Monarchie. »Im übrigen
ist jeder Tod ein höherer Wahrspruch, und nichts stirbt, dessen Zeit nicht gekommen ist.« *Das Trauerhaus* aber ist ein
grandioses Stück Literatur, das den oft geschmähten Franz
Werfel auf der Höhe seines Könnens zeigt.

EIN PRAGER DICHTERFÜRST. Alle Ehre macht dem ›Trauerhaus‹, diesem Pandämonium Alt-Österreichs, auch der Dichter Eduard von Peppler. »Dem Unglücklichen war das schwere Lebensschicksal zugeteilt worden, die geregelten Pflichten der neunten Rangsklasse mit den verruchten Pflichten eines satanischen Poeten zu verbinden. Man konnte ihn am besten einen dem k. k. Statthaltereipräsidium detachierten Baudelaire nennen. Herrn von Pepplers Blut geriet durch die Anwesenheit eines jüngeren Schriftstellers am Tisch der Jugend in Siedehitze. Der strebsame Knabe nämlich hatte schon einige Erfolge zu verzeichnen. Peppler schrie, *seine* Generation hätte das Leben machtvoll gesucht und die Syphilis gefunden, diese neue Jugend suche das Leben nicht machtvoll, finde aber Verleger.« Gut möglich, dass »der strebsame Knabe« auf den Autor selbst anspielt, Eduard von Peppler aber ist niemand anders als Paul Leppin (1878–1945). Er galt – auch sich selbst – als »ungekrönter König der Prager Bohème«, Max Brod nannte ihn »den eigentlich erwählten Sänger des schmerzlich verlöschenden Alt-Prag«. Zur Rolle des Prag-Poeten hat sich auch der Angesprochene selbst bekannt: »Mein tiefstes Erlebnis ist Prag geblieben. Sein Zwiespalt, sein Geheimnis, seine rattenfängerische Schönheit haben meinen dichterischen Versuchen immer aufs neue Antrieb und Inhalt gegeben.« Leppin schrieb Gedichte, Romane und Theaterstücke. Zu Beginn seiner Autorenlaufbahn gab er den Bürgerschreck, seine »erotischen« Verse erregten zumindest Aufsehen, Skandal machte sein Roman *Daniel Jesus* (1905). Mit *Wir* versuchte er sich auch als Herausgeber einer Zeitschrift, und ließ sich diese Gelegenheit nicht entgehen, die Prager Kulturträger zu rüffeln: »Die kleinen Parteien und Parteilichkeiten, das gegenseitige Misstrauen der betreffenden Kreise hat in keiner Stadt einen so überaus günstigen Nähr-

boden gefunden wie bei uns. Der Nepotismus ist hier Trumpf.« Um so erstaunlicher, dass Leppin, im Gegensatz zu anderen Autoren auch seiner Generation, zeitlebens in Prag blieb. Sein bekanntestes Werk *Severins Gang in die Finsternis* (1914) untertitelte er ›Ein Prager Gespensterroman‹, und noch an seiner letzten großen Erzählung *Blaugast* lobte Max Brod eine »echt Prager Nachtszenerie von Gymnasialerinnerung, Kaschemmen und kleinbürgerlich sauberem Haushalt«. Nur litt auch Leppins Œuvre unter der großen Krankheit pragerdeutscher Literatur, unter der aufgedonnerten Sprache. Dennoch wollte Max Brod dem älteren Kollegen »europäische Geltung« zuerkennen. Das misslang. 1937 zog Leppin das ernüchterte Fazit: »So ist meinem Wirken nur der Respekt in Literaturkreisen, gelegentliche Aufmerksamkeit im Auslande und die Anerkennung der engeren Heimat beschieden geblieben.« 1939, nach dem Einmarsch der nazideutschen Truppen in Prag, wurde er verhaftet. Er kam zwar bald wieder frei, aber sein Gesundheitszustand verschlechterte sich rapide. Die Syphilis, ein Erbe seiner »Jünglingsnächte«, zwang ihn zuletzt in den Rollstuhl. Am 10. April 1945 starb er, wenige Wochen, bevor die russische Armee in Prag einrückte.

MELANTRICHOVA. Der Straßenname ehrt den Drucker und Verleger Jiří Melantrich z Aventina (1511–1580). Der Lutheraner und Freund des Reformators Philipp Melanchthon hatte die schwarze Kunst in Nürnberg gelernt und sich 1546 in Prag niedergelassen. Er gab eine Bibel in tschechischer Sprache heraus und gilt überhaupt als Begründer der tschechischen Buchdrucktradition. Melantrichs Erbe trat sein Schwiegersohn Daniel Adam z Veleslavína (1546–1599) an. Er profilierte sich als Verleger, gab viele Bücher heraus, die Meilensteine in der Entwicklung der

tschechischen Literatursprache darstellen. Am Nachfolgebau seiner ehemaligen Werkstatt ehrt Melantrich eine
Gedenktafel, ehrt ihn stellvertretend für die ganze Zunft.
Denn in dieser Straße übten viele Drucker über Jahrhun-
derte ihre Tätigkeit aus. Einen schönen Nachtrag lieferte
Lenka Reinerová mit ihrem Erinnerungsbuch *Es begann in
der Melantrichgasse.*

HAUS ZU DEN ZWEI GOLDENEN BÄREN.

»Was weiß ich nicht alles über das Bärenhaus in der Melantrichgasse, gegenüber dem Schwibbogen des Michaels-
klosters!« Egon Erwin Kisch (1885–1948) spricht hier im
wahrsten Sinn des Wortes pro domo, denn in diesem Haus
mit dem markanten Renaissanceportal wurde er geboren,
hier verbrachte er seine Jugend. Und wenn Kisch genüsslich
ausholt, um der Geschichte und den Geschichten des Hauses wie seiner Bewohner nachzugehen, hat das überhaupt
nichts von Kurzatmigkeit. Ebenso wenig hat er den Neck-
zettel ›der rasende Reporter‹ geliebt, obwohl der auf ein
gleichnamiges Buch (1925) von ihm zurückging. Zumindest
die gebundenen Ausgaben seiner Reportagen standen keineswegs unter dem Diktat eines gehetzten Journalisten-
alltags. Es sind vielmehr nachträglich über-, sorgfältig auf
ästhetische Wirkung gearbeitete Texte, die genau genommen fiktionalen Charakter haben. – Allerdings hat Kisch ein
rastloses Leben geführt. Nach seiner Zeit als Lokalreporter
bei der *Bohemia* (1906–1913) folgten die Stationen Berlin
und Wien, wo er 1918 als Kommandant der Roten Garde
von sich reden machte. 1921 war er wieder in Berlin, und die
Abnehmer seiner Beiträge reichten vom *Börsen Courier* bis
zur *Roten Fahne.* Reportagereisen führten ihn in die Sowjetunion, die USA und nach China. 1934 kam er (illegal) nach
Australien, 1937/38 nahm er am Spanischen Bürgerkrieg

teil. Aus Europa geflohen, hielt sich Kisch seit Ende 1940 in Mexiko auf, kehrte jedoch als einer der wenigen pragerdeutschen Autoren im März 1946 in die tschechoslowakische Metropole zurück. Er wurde sogar Stadtrat, doch seine stark angegriffene Gesundheit ließ weder eine intensive literarische noch politische Tätigkeit zu. Vielleicht hat ihn nur der frühe Tod 1948 vor einer erneuten Emigration bewahrt. Über seine Heimatstadt hat Kisch einige Bücher veröffentlicht, etwa die Bände *Aus Prager Gassen und Nächten, Prager Kinder, Die Abenteuer in Prag* und *Prager Pitaval.*

MEISSNERS LEDERGÄSSCHEN. Die ›Zwei Goldenen Bären‹ liegen an der Ecke zur Kožná (Ziegengasse). Kisch selbst nennt im Text auf sein Geburtshaus einen älteren Straßennamen, der gleich ihn einen älteren Autor assoziieren lässt: »die ›Lederhausgasse‹ des Dichters Alfred Meißner«. Sie findet sich in dessen Roman *Lemberger und Sohn* (erschienen 1865): »Ganz nahe am Mittelpunkte Prags, dicht hinter dem volkreichsten Platze, dem Altstädter Ringe, und der belebten Eisengasse, existiert wie im Versteck ein so desolater Häuserkomplex, daß sein Anblick den Besucher an die ödesten und verwildertsten Quartiere einer herabgekommenen italienischen Stadt mahnt.« – Bis vor kurzem konnte ein Prag-Besucher diese realistische Schilderung an gleicher Stelle ohne weiteres nachvollziehen. Und die tiefere historische Perspektive Meißners mahnt einmal mehr zur Nüchternheit: Offenbar gehörte ein recht hoher Grad an Verwahrlosung zum ›Geheimnis‹ dieser Stadt. Wenn sich auf alten Fotos das ›Goldene Prag‹ so rar macht, liegt das eben nicht nur an den Schwarz-Weiß-Wiedergaben, sondern mehr noch an den ramponierten Objekten. Früher als solche Winkel aus dem Stadtbild verschwand Alfred Meissner (1822–1885) aus dem Gedächtnis der Nachwelt.

Geboren in Teplice (Teplitz), kam er als Medizinstudent 1840 nach Prag, wurde 1848 ins Paulskirchenparlament gewählt und gehörte dort zu den radikalen Linken. Viel Erfolg hatte sein *Žižka*; das passagenweise durchaus schmissige Heldengedicht (1846 zuerst erschienen, 1864 ins Tschechische übersetzt) erreichte 1867 die zehnte Auflage. Als die Reaktion wieder erstarkte, musste Meissner fliehen. Er ging nach Paris, auf der recht engen Beziehung zu Heinrich Heine basiert sein Buch *Heinrich Heine, Erinnerungen*, bis heute eine wichtige Quelle zu den letzten Jahren des Dichters. 1869 konnte er sich in Bregenz niederlassen, denn aus dem einstigen revolutionären Feuerkopf war ein biederer Konservativer geworden. Auch seine Werke hielten sich nun ans Hergebrachte, allein seine zweibändige Autobiographie *Geschichte meines Lebens* verdient mehr als literarhistorisches Interesse. Hier schildert er auch die Prager Erhebung von 1848, an der er zunächst nur als Augenzeuge, später als Mitglied der »böhmischen Nationalversammlung« teilnahm. Meissners letzte Jahre überschattete der Konflikt mit dem böhmischen Schriftsteller Franz Hedrich. Der drohte seine Beteiligung an verschiedenen Büchern Meissners öffentlich zu machen. Meissner beging daraufhin einen Selbstmordversuch, an dem er wenige Tage später starb.

Josefov

NOTWENDIGE VORBEMERKUNG. Ihr Name findet sich immer noch auf jedem Stadtplan, immer noch tragen ihre Häuser eigene Konskriptionsnummern. So wirkt die Geschichte dieses ganz besonderen, des Prager fünften Viertels nach, obwohl es sich von der Altstadtumgebung kaum mehr unterscheidet. Seinen Namen Josefov erhielt es erst um 1850, aber dieser Name ehrte das Andenken Josefs II. (Kaiser 1765–1790). Während noch seine Mutter Maria Theresia »keine ärgere Pest vorn Staat als diese Nation« wusste, verbesserten seine Erlasse und Patente die Lage der Juden wesentlich. Sie konnten nun auch Prags Ghetto verlassen, und schon in der ersten Hälfte des 19. Jahrhunderts tat das, wer eben dazu in der Lage war. Vier Jahre, nachdem die Juden volle Rechtsgleichheit erhalten hatten, verschwand 1853 endlich die Umwehrung des Ghettos. Da war die historische Judenstadt schon ein Elendsquartier, das – nach zeitgenössischen Quellen – viel »lichtscheues Gesindel« anzog. 1885 beschloss der Prager städtische Sanitätsrat, das »düstere Labyrinth« abreißen zu lassen. Mit der sogenannten ›Assanierung‹ wurde ein Jahrzehnt später begonnen. Sie zog sich bis 1917 hin und verschonte nur einen Teil des alten Friedhofs, sechs Synagogen und das Rathaus.

STADTSANIERUNG. Der stadtplanerische Kraftakt findet seinen Niederschlag auch in den Werken der

pragerdeutschen Autoren. So beginnt zum Beispiel Oskar Baums Novelle *Das junge Geschlecht*: »Es war im obersten Stockwerk eines der sichtlich modernen Häuser des alten Ghetto.« Und Paul Wieglers einziger Roman *Das Haus an der Moldau* gibt den Stand der ›Assanierung‹ etwa vom Herbst 1909 wieder: »Schutthaufen bezeichneten die Front der demolierten Armutsquartiere; doch rings herum drängte sich hinter löchrigen Scheiben noch immer das Elend.« – Nun betraf diese durchgreifende Urbanisierung nicht nur Josefov, wenngleich ihr Abriss am heftigsten umstritten war. Kafkas engster Jugendfreund, der früh verstorbene Kunsthistoriker Oskar Pollak, beurteilt den Eingriff ins städtebauliche Gefüge vom Altstädter Ring her: »Das Gränhaus fiel (›Verkehrsrücksichten‹), und wie durch eine offene Wunde das Blut dem Körper entströmt, so entströmte alles Leben und alle Heimlichkeit des Platzes durch diese unsäglich langweilige Niklasstraße.« In dieser »unsäglich langweiligen Straße« bezog übrigens die Familie Kafka am 20. Juni 1907 ihre erste moderne Wohnung (anstelle des Hauses ›Zum Schiff‹ steht hier seit 1968 das Hotel Intercontinental). Seit 1926 führte die Niklasstraße den Namen Pařížska, der sie ausdrücklich in die Nachfolge der gründerzeitlichen Modernisierung von Paris stellt. – Nun ließe sich annehmen, dass der Abriss des fünften Viertels die pragerdeutschen Autoren jüdischen Glaubens besonders getroffen hat. Doch auch viele ihrer tschechischen Kollegen begriffen die Einschnitte ins historisch gewachsene Stadtbild als Verlust. Unter dem unmissverständlichen Titel *Bestia triumphans* veröffentlichten die Schriftsteller Vilém Mrštík, Jaroslav Kamper und Vaclav Hladik eine Protesterklärung, Ignát Herrmann wandte sich mit einem offenen Brief an den Oberbürgermeister. Vergeblich.

JUDENSTADTBILDER. »In der Mitte von Prag, wo jetzt hohe und luftige Zinshäuser zu breiten Straßen aneinander schließen, stand noch vor zehn Jahren das Judenviertel. Ein schiefes, düsteres Gewinkel, aus dem kein Wetter den Geruch nach Moder und feuchtem Gemäuer wegzublasen vermochte und wo im Sommer den geöffneten Türen ein giftiger Atem entströmte.« (Paul Leppin, *Das Gespenst in der Judenstadt*). Dieses Zitat steht für viele ganz ähnliche: Die ›alte‹ Judenstadt blieb noch geraume Zeit lebendig – vor allem in und dank der Literatur. Jaroslav Vrchlický etwa hat ihr mit seinen Versen ein Denkmal gesetzt, desgleichen Vítězslav Nezval in seinen *Prager Spaziergängen*. Ein Nachruf stammt aus Leo Perutz' Roman *Nachts unter der steinernen Brücke* (1953!), er wird dem verbummelten stud. med. Jakob Meisl in den Mund gelegt. »Dann erhob sich seine Stimme zu einer Totenklage um die Häuser des Ghettos, die der Zerstörung anheimgefallen waren, denn sein Herz hing an allem, was alt und zum Verschwinden bestimmt war.« Solche Nostalgie pflegt Jakob, Nachfahre des sagenhaft reichen Mordechai Meisl, nicht allein. Der Eindruck drängt sich auf, dass sie für eine generelle Perspektive der pragerdeutschen Literatur steht. Und in der Judenstadt schien sich zu verdichten, was die ›magische Hauptstadt‹ ausmachte. Ihre Signatur war der Golem.

DER EWIGE JUDE ALS CICERONE. Es gehört zu den erstaunlichen Fähigkeiten Guillaume Apollinaires (1880–1918) und bezeichnet ein charakteristisches Verfahren seiner frühen Prosa, aus einem Aufenthalt von anderthalb Tagen eine Prag-Erzählung zu destillieren. Dass sie durch die ganze touristisch interessante Stadt führt, überrascht weniger als der Führer selbst. Es ist kein anderer als der Ewige Jude, bei Apollinaire heißt er Isaak Laquedem.

Wie selbstverständlich endet ihr Streifzug in der Judenstadt »Laquedem zog mich ins Ghetto und sagte: ›Sie werden sehen, nachts verwandelt sich hier jedes Haus in ein Bordell.‹« Der Ich-Erzähler streift hier den Zustand von Josefov (er nennt anfangs als Besuchsdatum den März 1902), dessen Assanierung in vollem Gange war. Deutlich hebt er die besondere Sympathie der Tschechen für sein Mutterland hervor. »Man schaute zu mir, jemand kam, drückte mir die Hand und sagte: ›Vivé la Frantzé.‹ Die Musik spielte die Marseillaise.« – Die unkonventionelle Verschränkung von Reisebericht und Erzählung hat die spätere Begeisterung der jungen tschechischen Dichterrebellen für Guillaume Apollinaire noch gesteigert. Schließlich zählte er als Poet wie als Kunstkritiker zu den großen Heroen der Moderne, sein Einfluss auf die Pariser Avantgarde seiner Zeit, besonders auf Pablo Picasso, lässt sich kaum überschätzen. Paris war denn auch das Sehnsuchtsziel derjenigen, die sich als künstlerische Schrittmacher der jungen Republik sahen. So konnte nicht ausbleiben, dass Apollinaire in Prag zur Kultfigur wurde.

ALTER JÜDISCHER FRIEDHOF. »Er lag im Mondlicht, schweigend und regungslos wie der geheimnisdunkle Strom Sam-Bathjon, dessen Wellen stillestehen am Tage des Herrn. Die weißen und die grauen Steine standen aneinander gelehnt, als ob sie allein die Last ihrer Jahre nicht zu tragen vermöchten. Die Bäume streckten ihre entlaubten Äste wie in verstörter Klage zu den Wolken des Himmels empor.« (Leo Perutz, *Nachts unter der steinernen Brücke*) Offenbar hat hier die Wirklichkeit zur Dichtung gedrängt, jedenfalls ist – von der Karlsbrücke vielleicht abgesehen – keine andere Prager Lokalität so eindrucksvoll in die Literatur eingegangen. Selbst staubtrockene Reisefüh-

Der alte jüdische Friedhof

rer versuchen beim alten Jüdischen Friedhof ein Stimmungsbild. Er steht schon im Zentrum von Wilhelm Raabes Erzählung *Holunderblüte* (1863), deren Titel auf die vielen Holundersträucher des Gottesackers anspielt. »Dann saß ich nieder auf einem schwarzen Steine aus dem 14. Jahrhundert, und der Schauer des Ortes kam in vollstem Maße über mich.« Derart stilisiert erscheint dieser Friedhof häufig. Beim Sichten der Belegstellen entsteht mitunter der Eindruck, das Etikett ›die magische Hauptstadt Europas‹ verdanke sich vor allem ihm. Noch eins drauf, obwohl keineswegs im Sinne eines künstlerischen Höhepunkts, sattelt (der junge) Rainer Maria Rilke. In einem Gedicht seines Zyklus *Christusvisionen* (1896) versetzt er Jesus auf den ›Judenfriedhof‹. Er ist allerdings kein »Erlöser, lächelnd und erlaucht«, sondern »der arme Jude«, ein furchtbar Verzweifelter, der seinen Gott anklagt: »Jehova – sieh, wie hast du mich missbraucht.« Einmal in Fahrt, richtet sich sein Zorn auch gegen den hier bestatteten Rabbi Löw. Ganz anders, nämlich deutlich entspannter Vítězslav Nezval, der 1928 einen Gedichtband unter dem Titel *Židovský hřbitov* (Der Judenfriedhof) veröffentlichte: »Als sie aus einem Beutel an einer Schnur an der Hüfte ein Steinchen nahm / Und mich durch die halbgeschlossnen Läden schauen ließ / In ein seltsames Gemisch von Steinen und Bäumen / die ich nicht unterscheiden konnte / Dann sah ich wie sie über die Friedhofsmauer stieg / Aus der langen Reihe der Steine vor den Grabmälern / Nahm sie einen brach in Lachen aus / Schob ihn in den Beutel wobei sich ihre Beine enthüllten / mit denen sie mich liebte.« Zu diesem Werk steuerte der surrealistische Maler und Collagist Jindřich Styrský die Illustrationen bei, und noch etliche andere Künstler sahen in diesem Friedhof ein dankbares Motiv. Durch den aktuellen Besucherandrang hat der Ort allerdings an Atmosphäre eingebüßt.

ALTNEUSYNAGOGE. »Tausend Jahre zählt der Tempel schon in Prag; / Staubfällig und ergraut ist längst sein Ruhetag / Und die alten Väter schlossen seine Gitter.« Um 1900 widmete Else Lasker-Schüler der Altneusynagoge das Gedicht *Der alte Tempel in Prag*. Um 1270 erbaut, ist sie die älteste Synagoge Europas, in der heute noch Gottesdienste stattfinden. Um Irritationen vorzubeugen: Die ›Alte Schul‹ auch ›Tempel‹ genannt, stand dort, wo heute die Spanische Synagoge steht. Und der Häuserkomplex um sie herum war eine abgeschlossene, nie mit dem Ghetto verbundene Einheit. Seine Bewohner bestanden auf Selbständigkeit, ganz abgesehen von ihrer Überzeugung, dass die älteste Prager Gemeinde eigentlich die ihre sei. Das mächtige Konvolut der Sagen, also die literarische Tradition, knüpft sich jedoch an die Altneusynagoge. Die Ehrwürdigkeit ihres Baus unterstreicht die Legende, bei der Errichtung eines – nicht nachgewiesenen – Vorgängers seien Steine der Jerusalemer Tempelmauer verwendet worden. Der hohe Ton dieser Erzählungen klingt in Paul Wieglers Prag-Roman *Das Haus an der Moldau* (1933/34) nicht einmal nach: »Am langen Tag jammerten hier an den Pulten die Männer, in weißen Taftmützen, über dem Rücken ihr Sterbehemd, um Hand und Arm die Gebetriemen, ungewaschen, mit ungespültem Mund, ohne Stiefel, Stroh unter den Füßen.« Und in seinem furiosen *Brief an den Vater* (1919) erinnert sich Franz Kafka an die eigene Gleichgültigkeit: »Ich durchgähnte und durchduselte also dort die vielen Stunden (so gelangweilt habe ich mich später, glaube ich, nur noch in der Tanzstunde).«

DER GOLEM. Vorab: Obwohl der Begriff Roboter auf die Erfindung eines tschechischen Autors (s. S. 121) zurückgeht, darf der Golem nicht mit einem Maschinen-

menschen verwechselt werden. Er ist vielmehr aus Fleisch und Blut, seine »Herstellung« also eine Art Schöpfungsgeschichte. Wie Adam wird er aus einem Klumpen Lehm erschaffen, bringt es allerdings nur zu einem menschenähnlichen Wesen. ›Golem‹ (Erdkeim) heißt die Figur erstmals in den Schriften der deutschen Kabbala des 12. Jahrhunderts. Schon hier ersteht sie durch Wortmagie und bleibt selbst stumm, ist nur Diener und kann wieder zu Erde rückverwandelt werden. Die Überlieferungen des 17., 18. und frühen 19. Jahrhunderts verbinden sie noch mit einem polnischen Rabbiner, so Jakob Grimm in seiner *Zeitschrift für Einsiedler* 1808. Von hier aus gelangt sie in die deutsche Literatur, eine sehr interessante Variante bietet Achim von Arnims Novelle *Isabella von Ägypten* (1812), sein Golem ist weiblichen Geschlechts.

Etwa seit 1750 ist diese Sagengestalt eine Kreatur des sagenumwobenen Prager Rabbi Löw (Juda ben Bezalel, vor 1525–1609), von hier aus nimmt sie ihren Weg in die Weltliteratur. Mit dem Hohen Rabbi Löw, dem Maharal von Prag, wird der Golem in einen historisch bedeutsamen Zusammenhang gestellt, ins so genannte Goldene Zeitalter der Prager Judengemeinde während der Regierungsjahre Kaiser Rudolfs II. Auch hier droht der Golem seinem Herrn und Schöpfer über den Kopf zu wachsen, und nur so eben kann der Rabbi ihn wieder als Erdklumpen zusammenstürzen lassen: »Aber endlich glückt's, er würgt ihn, / Zerrt den Schem ihn aus den Zähnen – / Und zerschmettert liegt der Kerl.« So beim pragbegeisterten Detlev von Liliencron, dessen Golem-Ballade weite Verbreitung fand. In Friedrich Hebbels Textbuch zu einer Oper *Der Steinwurf* ist der Golem nur eine Fiktion, aber schon als solche wird er zum Beschützer der Judengemeinde. Das Schutzmotiv kehrt häufiger wieder, obwohl es zu der Figur eigentlich nicht passt.

Einen anderen Zugriff wählt Gustav Meyrink mit seinem Roman *Der Golem* (1915), sicher der berühmtesten Variante des Stoffs. Sein Golem ist nicht mehr das Geschöpf des Rabbi Löw, sondern gleichsam eine Chiffre für das Ghetto, in dem er als Gespenst periodisch wiederkehrt. Aber er ist auch ein Doppelgänger der Hauptfigur Athanasius Pernath. Mit diesem Doppelgänger zu verschmelzen ist sozusagen das Programm, das der Autor seinem Ich-Erzähler vorgibt. Denn der Golem verkörpert hier eine abgespaltene, verdrängte Dimension des Ich, durch Hypnose gefangen im Unterbewusstsein. Aus diesem Gefängnis kann Pernath seinen Golem befreien, woraufhin er, für den Golem gehalten, im großen Gefängnis der Judenstadt eine Massenhysterie auslöst. Der Okkultist Meyrink, Mitglied der Prager theosophischen Loge ›Zum blauen Stern‹, schrieb mit dem ›Golem‹ einen großen Verkaufserfolg, der auf kolportagehafte Züge keineswegs verzichtet. Doch schon Kafka, der gegen das Werk mancherlei einzuwenden hatte, fand »die Atmosphäre der Judenstadt wunderbar getroffen«.

Sehr viel nüchterner geht Egon Erwin Kisch die Sache an. *Dem Golem auf der Spur* heißt seine Reportage, und sie will den Mythos vom Kopf auf die Füße stellen. Im Zentrum seiner Recherchen steht ein waghalsiger Aufstieg ins Dachgestühl der Altneusynagoge. »Das ist wahrlich ein Raum, bei Mondlicht den Golem zu erschaffen und den Golem zu bestatten! Das ist wahrlich ein Raum für Mystagogen und Alchimisten.« Die Atmosphäre stimmt also, und doch heißt das lapidare Resümee: »Der Golem ist nicht da.« Aber ein »Manuskriptum von Wola-Michowa« führt ihn dennoch zum Golemgrab »›eine Meile und zweihundert Klafter vom Neustädter Tor, auf der Wiener Landstraße‹«. Das liegt also vor der historischen Stadt, »draußen in Žižkov, auf dem niederen Sandsteinhügel, der – seltsam genug – Židova pec, das

Szenenbild aus dem Stummfilm Der Golem *(1920) mit Paul Wegener in der Titelrolle*

ist jüdischer Backofen, heißt, dort wurden jahrhundertelang die armen Sünder vom Leben zum Tode gebracht«. Die Arbeitervorstadt kommt Kisch gelegen, jedenfalls führt sie auf die Pointe des Textes »Und über dem Grabe des Golem stehend, weiß ich, warum Gott es wollte, daß der dem fremden Willen bedingungslos untertane und für fremden Nutzen arbeitende Menschenautomat unwiederbringlich bestattet liegt ...«

Friedrich Torberg (1908–1979) verlegt seine Erzählung *Golems Wiederkehr* (1968) in das von Deutschen besetzte Prag. Hier wirkt ein »Aufklärungsreferat« mit besonderem Auftrag: Nach einer Idee des Reichsführers SS soll es Josefov als »Museum einer ausgestorbenen Rasse« herrichten. Dazu müssen sich die Beauftragten der Unterstützung durch sachkundige Prager Juden versichern, die ihr Fachwissen nicht vor dem Gang ins Konzentrationslager bewahrt. Torbergs Golem ist der tumbe Gehilfe Josef Knöpfelmacher. Wie sein sagenhaftes Urbild verhindert er, dass die Altneusynagoge Feuer fängt. »Die deutlich sichtbaren Fußspuren aber waren so ungewöhnlich groß, daß sich alsbald das Gerücht verbreitete: der Golem, der unter alten Gebetsmänteln und zerschlissenen Büchern im Dachgestühl der Altneuschul liegt, sei aufgestanden und habe seine Füße auf die brennenden Fackeln gesetzt.« Dieser Knöpfelmacher, der zuletzt unter den Stiefeltritten der SS-Leute stirbt, wird zum Helden der Erzählung. Die Verschränkung von Sagengestalt und NS-Barbarei führt den gewiss eindrucksvollen Text an die Grenze dessen, was die Mittel konventionellen Erzählens darzustellen ermöglichen.

Weit jenseits der lokalen oder lokal vermittelten Traditionen zeugt die zeitgenössische Literatur von der ungebrochenen Faszination durch die Golem-Figur. *Die Prozedur* des Niederländers Harry Mulisch (geb. 1927) hebt die Bedeutung

der Schrift bei der Schöpfung eines Golems hervor, die Hauptfigur Victor Werker generiert ihn in der Retorte. Den polnischen Autor Stanislav Lem (1921-2006) mag auch der eigene Nachname inspiriert haben, sein *GOLEM XIV* (dt. *Also sprach Golem*, 1984) ist ein Computer. Allerdings ist er ein derart komplexer Maschinenmensch, dass er seinen Schöpfern nicht nur über den Kopf zu wachsen droht, sondern ihnen tatsächlich über den Kopf wächst. Enger an die Überlieferung hält sich die Amerikanerin Cynthia Ozick (geb. 1928) in der Erzählung *Puttermesser und ihr Golem* (dt. 1987), ebenso schlüssig wie originell versetzt sie die Figur ins gegenwärtige Amerika. Auch ihr – übrigens weiblicher – Golem gerät außer Kontrolle, mit äußerster Mühe lässt er sich wieder in Erde verwandeln, freilich nur in die heftig kontaminierte eines öffentlichen Parks. Das hat üble Folgen für Blumenplünderer: »Wer immer die Stiele der blutroten Blüten berührt oder bricht, erkrankt bald darauf am Grippevirus oder an einer Mandelentzündung oder an einem Schnupfen, der mit Übelkeit verbunden ist – oder, bisweilen, an einer besonders ekelhaften Schleimbeutelentzündung.«

KAFKAS WOHNUNGSSUCHEN. Am 16. Mai 1914 mietet Franz Kafka in der Dlouhá (Lange Gasse) 5 eine Wohnung an, sie soll jährlich 1300 Kronen kosten, gut ein Viertel seines damaligen Gehalts. Wie kaum anders zu erwarten, war nicht er, sondern seine Eltern auf diese Bleibe aufmerksam geworden, wie er seinem Tagebuch wenige Tage zuvor bekannt hatte: »Die Eltern scheinen eine schöne Wohnung für F. und mich gefunden zu haben, ich bin nutzlos einen schönen Nachmittag lang herumgestrichen.« Zu solcher Unentschlossenheit stimmt, dass Kafka diese Wohnung nie bezogen hat, als Junggeselle nicht und schon gar

nicht als Ehemann an der Seite von Felice, geb. Bauer. Die Heiratspläne zerschlugen sich, denn bereits im Juli 1914 kam es zu jenem denkwürdigen »Gerichtstag« im Berliner ›Askanischen Hof‹, der mit der Entlobung endete und seit je ein Hauptstück der Kafka-Biographen gewesen ist (s. S. 66). So dauert es ein knappes Jahr, bis er, fast 32 Jahre alt, über sein erstes eigenes Quartier (Bílkova 10) verfügen kann. »Endlich ein Zimmer aufgenommen«, notiert er. Doch wird er hier nur einen guten Monat wohnen, immer gestört durch den Lärm seiner Mitbewohner. Allerdings will Kafka nicht ausschließen, »vielmehr aus eigener Unruhe« gekündigt zu haben. Die nächste eigene Wohnung im ›Haus zum Goldenen Hecht‹, Dlouha 16, ist ebenfalls nur ein Zimmer, immerhin eines mit Balkon und schöner Aussicht. Doch gleich die erste Tagebucheintragung lautet: »Von Lärm verfolgt«. Die wichtigsten Erzählungen jener Zeit werden denn auch nicht in der Langen Gasse entstehen, sondern im Goldenen Gässchen auf der Burg, seinem »Nachtquartier« (s. S. 187 ff.).

FRANZ KAFKA UND DER JARGON. Dass sich am Jüdischen Rathaus die Zeiger gegen den Uhrzeigersinn bewegen, hat auch Guillaume Apollinaire festgehalten. Aber das – zweifellos pittoreske – Rathaus war eben nicht nur Touristenattraktion, sondern mit seinen Veranstaltungsräumen auch Zentrum des Prager jüdischen Lebens. Deshalb hat Kafka energisch dafür gesorgt, dass der Benefizabend für den Schauspieler Jizchak Löwy hier, und dann auch noch im Großen Saal, stattfinden konnte. Vorab hält er am 18. Februar 1912 seinen *Einleitungsvortrag über den Jargon*. Er gehört zu den meistzitierten Kafkatexten – dank Elsa Taussig, der späteren Frau von Max Brod; sie hat den Vortrag mitstenographiert. Kafkas Einführung fordert die großen-

teils assimilierte Zuhörerschaft auf, sich dem Jiddischen, er sagt dem »Jargon«, zu öffnen: »Ganz nahe kommen Sie schon dem Jargon, wenn Sie bedenken, daß in Ihnen außer Kenntnissen auch noch Kräfte tätig sind und Anknüpfungen von Kräften, welche Sie befähigen, Jargon fühlend zu verstehen.« Zum Wiederanschluss an ein lebendiges Judentum empfiehlt Kafka bezeichnenderweise das Mittel der Sprache. Fast ein Erweckungserlebnis hatte er beim ersten Besuch einer Vorstellung, die Löwys ›Original-Polnisch-jüdische Gesellschaft aus Lemberg‹ gab: »Bei manchen Liedern, der Ansprache ›jüdische Kinderlach‹, manchem Anblick dieser Frau, die auf dem Podium, weil sie Jüdin ist, und Zuhörer, die wir Juden sind, an sich zieht, ohne Verlangen und Neugier nach Christen, ging mir ein Zittern über die Wangen.« Franz Kafkas Reaktion steht in krassem Gegensatz zum Dafürhalten des jüdischen Establishments, das die Auftritte der Lemberger Truppe als Schmierentheater geißelt. Dem gemäß hat die Gesellschaft im besseren Hotel Central kaum Zulauf und muss ins sehr viel schlichtere ›Café Savoy‹ umziehen; fast überflüssig zu erwähnen, dass auch diese Adresse – Vězeňská 9 – noch existiert. Franz Kafka freundet sich rasch mit dem Schauspieler Löwy an, »den ich im Staub bewundern möchte«. Hermann Kafka reagiert auf diesen Umgang seines Sohns äußerst verstimmt (»Mein Vater über ihn: Wer sich mit Hunden zu Bett legt steht mit Wanzen auf«, Tagebuch vom 3. November 1911). Schließlich kam Hermann aus »der kleinen ghettoartigen Dorfgemeinde« Wossek, und diese Ostjuden erinnerten ihn womöglich mehr an die eigene, mit vieler Mühe zurückgelassene Vergangenheit.

DER ›NACHFOLGER‹ KAFKAS. Max Brod hat Ludwig Winder zum engsten, also dem eigentlichen Prager

Kreis gerechnet, in diesen Zirkel sei er 1924 »an Kafkas Stelle getreten«. Eine kleine Straße der assanierten Judenstadt, V kolkovně 7, hieß seine letzte Privatadresse. Der gebürtige Mährer Ludwig Winder (1889–1946) war gleich nach Abschluss der Handelsakademie zur Zeitung gegangen. Als Lokalreporter der (linksliberalen) Wiener *Zeit* hat er den Journalistenberuf von der Pike an gelernt und ihn fast sein ganzes Leben lang ausgeübt. 1914 war er nach Prag gekommen und ins Feuilleton der *Bohemia* eingetreten. Bis 1938 widmete er seine Aufmerksamkeit dem hauptstädtischen Kulturleben, wovon rund gerechnet 3000 Beiträge zeugen. Aber Winder hat, und keineswegs nur nebenher, immer auch Bücher geschrieben, im Zentrum seiner frühen Prosa, besonders in seinem Roman *Die jüdische Orgel* (1922) steht das Leben seines Volkes in der Diaspora: »So sind wir Juden: nicht umzubringen, nicht kleinzukriegen, etwas Furchtbares steckt in dieser Zähigkeit, in dieser Lebenskraft.« Ab 1924 schreibt Winder Zeitromane, sein Buch *Die nachgeholten Freuden* (1927) würdigt Otto Pick als »das erste Werk eines Deutschen aus der Tschechoslowakei, in welchem die Periode vor und nach dem Umsturz eingehend geschildert wird«. 1938 erscheint *Der Thronfolger*, eines seiner Hauptwerke, das den Untertitel ›Ein Franz-Ferdinand-Roman‹ führt. Franz Ferdinand hatte Sympathien für eine größere Eigenständigkeit der tschechischen Nation erkennen lassen, seine Lieblingsresidenz Konopiště lag nur 35 km südlich von Prag. Seine Frau stammte aus einer alten böhmischen Adelsfamilie, der mehrere Oberstburggrafen angehörten. Der Erzherzog hatte die nicht standesgemäße Ehe mit Sophie Gräfin Chotek gegen den Widerstand des Wiener Hofes durchgesetzt und dabei sogar in Kauf genommen, dass seine Kinder von der Thronfolge ausgeschlossen waren. Dennoch zeichnet Winders Roman diesen Franz Ferdinand

keineswegs als Lichtgestalt, überhaupt richtet sich *Der Thronfolger* gegen jede Verklärung der Donaumonarchie, wie sie schon damals im Schwange war. Zum Jahresende 1938 musste die *Bohemia* ihr Erscheinen einstellen, viele ihrer Leser saßen in den nunmehr besetzten Randgebieten. Seit 1933 hatte Winder in Prag gegen die braune Pest angeschrieben, hatte später vielen Emigrierten in seiner Zeitung ein Forum und Verdienstmöglichkeiten geboten. Ende Juni 1939, Hitler-Deutschland hatte nun auch die »Resttschechei« annektiert, gelang Winder mit seiner Frau und der ältesten Tochter die Flucht nach England. Im Exil entstand sein Roman *Die Pflicht* (als Buch erschienen 1949). Seine Hauptfigur Josef Rada ist ein »kleiner« tschechischer Beamter, der sich den Widerstandskämpfern anschließt und bald über die bloße Sabotage hinausgeht. »Nach der Auslöschung des Dorfes Lidice änderte Rada seinen Sinn. Er entschloss sich, die mit deutschen Soldaten beladenen Züge nicht länger zu verschonen.« Das große Projekt *Die Geschichte meines Vaters* konnte der schwer herzkranke Autor nicht mehr vollenden. Literarisch hatte es ihn zurück zu den Wurzeln und auch wieder nach Prag geführt.

PRAGERDEUTSCHE AUTOREN UND IHR JUDENTUM. Die Ausnahmen: Rainer Maria Rilke, Paul Leppin und, großzügig gerechnet, Gustav Meyrink. Alle anderen pragerdeutschen Dichter der Zeit um 1910/20 waren Juden. Schon vorher hatte es unter den deutschen Juden des Landes namhafte Autoren gegeben. Aber erst die Generation von Kafka und Brod setzte sich mit dieser Herkunft wirklich auseinander. *Im Kampf um das Judentum,* so ein programmatischer Titel von Max Brod, spielte auch die Literatur eine wichtige Rolle. Jetzt blieb es nicht mehr bei einer Illumination der alten Judenstadt.

Robert Weltsch hat noch 1978 betont, wie wichtig für diesen Prozess die Person Martin Bubers (1878–1969) gewesen ist. Eindrucksvolles Zeugnis für die Vitalität der Prager Gruppe ist die 1908 gegründete Selbstwehr, zunächst als ›Unabhängige Jüdische Wochenschrift‹, später als ›Jüdisches Volksblatt‹ annonciert. Unter ihrem Dach erschien 1917 die »Sammelschrift« *Das Jüdische Prag*. In ihr waren nicht nur viele deutschprager Autoren vertreten, sondern auch tschechische Schriftsteller in den Übersetzungen ihrer Kollegen. Im Gegensatz vor allem zu Max Brod lag Egon Erwin Kisch offenbar wenig an seinem Judentum. 1908 ermutigt er seinen Bruder Paul ausdrücklich zur Konversion: »Sobald Du eine Stelle in petto hast, die von der Taufe abhängt, so tue es ohne weiteres.« Immerhin lässt Egon Erwin nicht unerwähnt, dass die Mutter ein solcher Übertritt sehr »kränken« werde. Aus dem schnoddrigen Tonfall des Zitats sollte aber nicht geschlossen werden, dass Kisch zum Judentum überhaupt keine Beziehung gehabt habe. Er selbst erkundete seine Verwandtschaft mit prominenten Glaubensbrüdern und stieß dabei sogar auf den Hohen Rabbi Löw. Die Vernichtung der Juden in den Konzentrationslagern der Nazis hat ihn enger an die Seite seines Volkes geführt, davon legt vor allem die Reportage *Indiodorf unter dem Davidsstern* ein bewegendes Zeugnis ab. Zu den Opfern des Rassenwahns gehörte auch sein stets deutschnational gesinnter Bruder. »Paul Kisch, der mich am Vorabend seines Abtransportes in die Todeslager im vollen Wichs eines deutschen Korpsstudenten von anno dazumal empfing«, wie sich Peter Demetz erinnert.

Egon Erwin spricht vom Kummer seiner Mutter, falls der Bruder sich taufen lasse. Überhaupt gibt es einige Hinweise darauf, dass im Fall der Prager Autoren mehr vom Glauben der Mütter als vom Glauben der Väter die Rede sein müsste.

Egon Erwin Kisch, um 1930

Auch Hans Natoneks Skizze *Ghetto* (1917) stellt die Gläubigkeit seiner Mutter der Indifferenz seines Vaters gegenüber. »Mein Vater, ein ›Freidenker‹, hielt keine Feiertage, indes meine Mutter zur Stunde bereits im Tempel saß.« Den Sohn jedoch zieht es immer wieder in die alte, schon vom Abriss gezeichnete Judenstadt. Sein Vater muss ihn auf der erst nur halb bewussten Suche nach den Wurzeln begleiten, später wird der junge den alten in das traditionelle Rollenbild drängen, vor ihm niederknien und um den Segen flehen. Die Ergriffenheit des Sohnes legt auch beim Vater das verschüttet geglaubte Judentum frei: »Er sprach einen hebräischen Spruch bebend auf mein Haupt herab.«

Natonek (1892–1963) selbst ließ sich 1918 in der Leipziger evangelischen Lutherkirche taufen, aber seine Auseinandersetzung mit dem Judentum war damit nicht abgeschlossen, auch die literarische (s. S. 81 f.) nicht. Des Öfteren tauchen in Natoneks Werken Gestalten auf, die ihrem Judentum entkommen wollen. Thema seines Roman *Der Mann ohne Schatten* ist das Leben des Adelbert von Chamisso. Unter dessen populärster Figur Schlemihl versteht das Jiddische einen notorischen Unglücksraben. Aber der Verlust des Schattens wurde ebenfalls als Verlust des Volkstums gedeutet. Der gesellschaftliche Außenseiter teilt sein Lebensgefühl mit dem stets von der Ächtung bedrohten Juden. Chamisso, Franzose von Geburt, musste im Fluchtland Preußen eine neue Identität finden. Und wie Chamisso in deutscher, wird Natonek, seit 1946 amerikanischer Staatsbürger, in englischer Sprache schreiben. Seine letzten Gedichte veröffentlicht die deutsche Exilzeitschrift *Der Aufbau*. »Unendlichkeit entwindet sich / der samtumhüllten Thorah-Spule. / Die Goldschnur bindet dich und mich, / Spinnt, reißt und knüpft sich ewiglich / in Gottes Judenschule.«

Oft diskutiert wurde Franz Werfels (1890–1945) eigentüm-

liches Oszillieren zwischen Juden- und Christentum. Seine Biographen halten fest, dass Werfels Affinität zum Katholizismus auf seine Kinderfrau Barbara Šimůnková zurückgeht. Er ehrte ihr Andenken im Roman *Barbara oder die Frömmigkeit* (dem Karl Kraus das ungnädige Prädikat »Schmutz und Schund« anhing). Bei vielen galt der Autor schon als Konvertit, so dass sich Werfel 1926 »gegen alle falschen oder feindseligen Gerüchte« zu der Erklärung genötigt fand: »Ich bin nicht getauft! Ich werde mich niemals taufen lassen! Ich habe niemals vom Judentum fortgestrebt, ich bin im Fühlen und Denken bewußter Jude!« Ebenfalls 1926 entsteht das Drama *Paulus unter den Juden,* hier reflektiert Werfel das Verhältnis Judentum – Christentum am eindringlichsten. Der viel gelesene (und selbstredend verfilmte) Roman *Das Lied von Bernadette* (1941) erfüllt ein Gelübde, das sein Autor für den Fall der geglückten Flucht aus Frankreich getan hatte. Die – vorsichtig gesagt – konsequente Anverwandlung des Milieus kommt nicht nur der Marienerscheinung von Lourdes, sondern auch dem hochkatholischen Thema der ›Unbefleckten Empfängnis‹ zugute. Doch zwei Jahre später folgt *Jacobowsky und der Oberst,* »die Komödie einer Tragödie«. Besonders in der Figur des Jacobowsky zeigt sie, über welches Können der oft gescholtene, ja geschmähte Werfel verfügte. Der polnische Jude mit der unbeirrten Liebe zur deutschen Kultur gibt sicher ein Idealbild, aber eins von hoher Bühnenpräsenz. In seiner abgeklärten Vertrautheit mit den stets widrigen Umständen ist er der Verfolgte schlechthin, seine Liebenswürdigkeit wie seine elegant-beiläufige Bissigkeit verleihen ihm ein sehr werfeltypisches Profil.

Judentum und Christentum bedeuteten für den Dichter Werfel nie ein Entweder-oder. Max Brod sah in ihm den jüdischen Diaspora-Intellektuellen, einen Zerrissenen ohne

geistige Heimat. Brod bekannte sich dagegen ausdrücklich zum Zionismus. Der zeitweilige Vizepräsident des jüdischen Nationalrats, er forderte von einer tschechoslowakischen Republik die Anerkennung der Juden als Nation. Seine literarische Hinwendung zum Judentum beginnt 1911 mit seinem Roman *Jüdinnen*, 1912 folgt *Arnold Beer*, 1925 *Rëubeni, Fürst der Juden*. Dazwischen erscheint die schon erwähnte Schrift ›Im Kampf um das Judentum‹ (1920). Und schon 1913 hatte Brod erklärt, als Poet sähe er sich keineswegs allein von den Konflikten zwischen Juden und christlicher Umgebung herausgefordert: »Nicht nur das Judenproblem: der ganze Jude ist mir dichterisches Problem.«

Die Flucht ins Gelobte Land bedeutete für Brod auch »Heimkehr«. Er arbeitete sich weiterhin an der Darstellung des »ganzen Juden« ab, sah 1948 sogar seinen Freund Franz Kafka als »religiösen Helden vom Range eines Propheten«. Nur ist in Kafkas Texten vom Judentum niemals ausdrücklich die Rede. Seine Tagebücher und Briefe legen jedoch beredtes Zeugnis davon ab, dass er sich mit diesem Thema intensiv auseinandergesetzt hat. So hält Franz Kafka im berühmten *Brief an den Vater* diesem Elternteil sein »Nichts an Judentum« vor. Und wie schon bei Hans Natonek angedeutet, trifft der Vorwurf nicht Hermann Kafka allein: Oft hatte sich diese Väter-Generation aus ihrem Glauben im Wortsinn herausgearbeitet und tat bei ihren spärlichen Synagogen-Besuchen nur noch der Form Genüge.

Nach den antijüdischen Ausschreitungen vom November 1920 fragt Franz Kafka seine Briefpartnerin Milena Jesenská: »Ist es nicht das Selbstverständliche, daß man von dort weggeht, wo man so gehaßt wird (Zionismus oder Volksgefühl ist dafür gar nicht nötig)?« Für sich selbst hat er diese Möglichkeit erwogen, aber zuletzt immer wieder verworfen. Der Aufbruch ins Heilige Land wäre, schreibt er an

Else Bergmann, »im geistigen Sinne etwas wie eine Amerikafahrt eines Kassierers, der viel Geld veruntreut hat.«

Ohnehin hielt sich Kafka für einen Westjuden, »ich bin, so viel ich weiß, der westjüdischeste von allen«, und damit konstatiert er seine Wurzellosigkeit. Doch führt seine eingehende Beschäftigung mit dem Judentum leicht zu der Überzeugung, sie müsse Kafkas Dichtung beeinflusst haben. Aber wie im Fall seiner Heimatstadt Prag, die so präsent scheint, jedoch nirgends beim Namen genannt wird, ist eben interpretatorischer Scharfsinn nötig, um Anspielungen auf das Judentum herauszulesen. Einfach dechiffrieren lassen sie sich nicht.

Zweifellos ist die Frage legitim, inwieweit die jüdische Herkunft seiner Autoren das pragerdeutsche Literaturschaffen insgesamt bestimmt hat. Und jedenfalls liegt es auch am Verhältnis der Dichter zu ihrem Judentum, dass ein prägnantes Kapitel deutscher Literaturgeschichte mit dem Namen dieser Stadt verbunden bleibt.

MAX BROD, DER AUTOR. Max Brod (1884–1968) wohnte mit seiner Frau in der Břehová 8 (Ufergasse), auf deren anderer Straßenseite sich die Mauer des alten Jüdischen Friedhofs erstreckt. Brod ist die eigentlich zentrale Figur der pragerdeutschen Literatur. Er übersiedelte nicht – wie so viele andere pragerdeutsche Autoren – in die Zentren des deutschsprachigen Kulturbetriebs, sondern blieb an der Moldau. Bis 1939 lebte er hier, um die Stadt mit dem letzten Zug zu verlassen, der ihn vor dem Zugriff Nazi-Deutschlands rettete. Für beinahe dreißig Jahre wurde dann Tel Aviv seine neue Heimat. Aber auch dort wanderte er literarisch unter dem *Prager Sternenhimmel* (1960), und dem Vernehmen nach lag das gerettete Telefonbuch der Stadt immer auf seinem Schreibtisch. Als enger

Freund Franz Kafkas, als Herausgeber seiner Romane nimmt ihn die Literaturgeschichte zur Kenntnis, Brods eigene Werke gerieten in Vergessenheit. Dabei war er ein sehr produktiver Schriftsteller, sein Œuvre umfasst Gedichte, Romane und Erzählungen ebenso wie Essays und weltanschaulich-philosophische Schriften, von den zahlreichen Beiträgen für Zeitschriften und Zeitungen nicht zu reden. Und zu seiner Zeit war Brod durchaus ein Erfolgsautor. Kurt Hiller, Bannerträger des Expressionismus, schrieb zu Brods *Schloss Nornepygge* (1908): »Das war Donner, Raserei, Betäubung; war mir ein stärkstes, wesentlichstes, heiliges Erlebnis.« Damals war Brod gerade 24, sieben Jahre später erreichte er mit *Tycho Brahes Weg zu Gott* das große Lesepublikum, der dickleibige Roman wurde oft wiederaufgelegt. Schon die zeitgenössische Kritik, auch die wohlwollende, schätzte nicht jedes seiner Bücher gleich hoch. Der angestrengte Sprachgestus entfremdet sie dem heutigen Leser ebenso wie die zuweilen aufdringlich präsente Botschaft. Etliche seiner Werke sind Prag-Romane, die in der Geschichte oder Gegenwart dieser Stadt spielen. Von einiger Bedeutung sind auch seine Erinnerungsbücher *Streitbares Leben* und *Der Prager Kreis*. Dieser Titel erfasst beinahe alle deutschsprachigen Autoren, die je mit Prag in Verbindung standen. Den Kern bildete jedoch die Freundesgruppe mit Oskar Baum (s. S. 94 f.), Felix Weltsch und Franz Kafka, nach dessen Tod Ludwig Winder hinzukam. Max Brod hielt die Gruppe zusammen.

MAX BROD, DER FÖRDERER. »»Erlauben Sie mir, dass ich jetzt die Gedichte eines Unbekannten vorlese, die ich für besser halte als meine eigenen.‹« So zitiert Kurt Pinthus aus dem Gedächtnis, wie Max Brod das literarische Berlin mit der Nase auf Franz Werfel stieß. Seinen Verleger

Axel Juncker drängte Brod sehr energisch, Werfels ersten Lyrikband *Der Weltfreund* ins Programm aufzunehmen. Kein Zweifel, Brods Empfehlungen hatten damals Gewicht. Und wer ihn überzeugte, den versuchte er auch durchzusetzen. Friedrich Torbergs *Schüler Gerber* schickte er ohne Wissen des Autors an einen Verlag und »auch Johannes Urzidil hat mich jüngst in einem Freundschaftsbrief daran erinnert, daß sein erstes Gedichtbuch ›Der Sturz der Verdammten‹ durch mich in die Reihe ›Der jüngste Tag‹ bei Kurt Wolff geschleust und damit der Weg für den Autor geöffnet worden ist« (in *Der Prager Kreis*). Bemerkenswert auch sein Engagement für Jaroslav Hašek und den tschechischen Komponisten Leoš Janáček, dem er eine Biographie widmete und dessen Opernlibretti er ins Deutsche übertrug. Unermüdlich kämpfte er für Franz Kafka – manchmal auch mit ihm, wenn es den Freund zu einer Veröffentlichung zu drängen galt. Er machte schon auf ihn als einen der größten Autoren deutscher Zunge aufmerksam, als von Kafka noch keine Zeile gedruckt war. Entgegen der Verfügung Kafkas vernichtete er dessen Manuskripte nicht, sondern veröffentlichte sie. Er ist für seine editorische Arbeit oft gezaust worden, aber ohne ihn, den über Kafkas Tod hinaus selbstlosen Freund, hätten wir nur rudimentäre Kenntnisse über einen Leitstern der Weltliteratur.

Die westliche Altstadt

DER KLEINE RING. Mehrere Häuser reichen hier mit ihren Kellern bis in die Romanik, unter anderem das Haus Nr. 3. 1896/97 erstand es als Neorenaissance-Gebäude neu, die imposanten Fresken geben Einblick in das Gewerbe des damaligen Hausbesitzers Vincenc Josef Rott. Seine Familie zählte zum Prager Patriziat, ihr entstammte auch Karolina Světla (1830–1899), geboren als Johanna (Johanka) Rott. Die tschechische Schriftstellerin setzte sich in ihren Anfängen mit ihrer gesellschaftlichen Herkunft intensiv und sehr kritisch auseinander. Im Haus Nr. 12 führte Johann Gottfried Calve (1757–1805) seit 1786 eine Buchhandlung. Schon 1791 war Calve auf der Leipziger Messe vertreten, ein Jahr später gründete er einen vorwiegend wissenschaftlich orientierten Verlag. Name und Buchhandlung blieben dem Haus bis 1949 erhalten. Nach Max Brod pflegte sich Kafka, der grundsätzlich keine Bücher auslieh, hier mit Lektüre einzudecken.

THEATER IM PALAIS. Das Palais Clam-Gallas liegt am Weg vieler Prag-Touristen, außerdem zählt es zu den schönsten hiesigen Barockbauten. Aber es liegt auch am Weg der Literaturgeschichte. Ob allerdings Franz Kafka seine prachtvolle Architektur unbefangen würdigen konnte, bleibt dahingestellt. Zu seiner Studienzeit residierte hier das Staatswissenschaftliche Institut der Prager Deutschen Universität und konfrontierte den angehenden Juristen mit

ungeliebter Materie. Damals lebten hier schon keine Mäzene mehr, wie zweifellos Christian Graf Clam-Gallas einer war. Er ließ im Haus Theater spielen, und das auch noch von seinesgleichen. Unter den Zuschauern war auch Charles Sealsfield, der das Programm dieser adligen Liebhaberbühne zu schätzen wusste: »Es mag befremden, Edelleute und Aristokraten die Bretter im Kothurn beschreiten zu sehen, sie sind aber dazu gezwungen. Obwohl das (Stände-, D. A.)Theater auf Kosten des Adels gebaut wurde, und auch von ihm gefördert wird, läßt die Regierung die Werke Schillers und Goethes in Prag nicht einmal in der sonst in Österreich üblichen, arg verstümmelten Form aufführen. Der Kaiser fürchtet offenbar, daß die Böhmen dadurch zu klug werden könnten.«

EIN PRAGER MÖNCH. Charles Sealsfield war ein Pseudonym. Dahinter verbirgt sich eine keineswegs alltägliche Autorenbiographie, die Karl Postl (1798–1864) gehört. Er trat 1808 in den Orden der Kreuzherren mit dem roten Stern ein, dessen Prager Niederlassung gleich an der Karlsbrücke lag. Postl wurde 1818 zum Priester geweiht und hatte als Sekretär des Großmeisters eine geachtete Stellung inne. Doch 1823 floh der Ordensbruder nach Amerika. Acht Jahre später kehrte er wohl nach Europa, aber nicht mehr nach Böhmen zurück. Die Neue Welt blieb Gegenstand seiner Romane. Er hat den hoffnungslosen Widerstand der Indianer Nordamerikas gegen die Weißen ebenso packend geschildert wie die Erhebungen in Lateinamerika gegen die Spanier. Immer wieder finden sich bei Sealsfield Passagen, die ihn den großen Abenteuerschriftstellern des 19. Jahrhunderts ebenbürtig an die Seite stellen. Der entschiedene Kritiker des Metternich-Regimes veröffentlichte 1828 die Philippika *Austria as it is.* Darin griff er die restaurativen

Kräfte so scharf an, dass die Schrift in Österreich lange verboten blieb und erst 1919 auf deutsch erscheinen konnte. Prag jedoch hat seine ganze Sympathie: »Alles in allem ist Prag eine der malerischsten und schönsten Städte des Festlandes, weit interessanter als Berlin oder eine sonstige deutsche Hauptstadt.«

HRABAL IN SEINEM STAMMLOKAL. »Ich sitze im Goldenen Tiger, spiele mit dem Bierdeckel und kann mich einfach nicht satt sehen an dem Emblem, zwei schwarzen Tigerlein, die sich in meinen Fingern drehen, […] ich sitze in Gesellschaft, wo immer ich mich niederlasse, und gleich ist es meine Gesellschaft, ist es mein Ritual, und nicht nur das meine, sondern das Ritual aller Leute, die Bier trinken kommen, denn der Tisch bildet eine Gesellschaft, die redet.« Leider liegt ›U zlateho tygra‹ (Zum goldenen Tiger) zu nah am so genannten Königsweg, also Prags ausgetretenstem Touristenpfad, um heute nicht als Restaurantbetrieb zu locken. Immerhin war dieses Gasthaus schon vor seiner Zeit als ›Altprager Bierstube‹ ein Kaffeehaus, in dem kein Geringerer als Karel Hynek Mácha verkehrt haben soll. Aber Berühmtheit erlangte sie natürlich als der zweite Wohnsitz Bohumil Hrabals. In seiner Erzählung *Eine Wirtshausgeschichte* hat er ihr ein Denkmal gesetzt.

BOHUMIL HRABAL, EIN SPÄTBERUFENER. Als er in einem Prager Krankenhaus starb, kursierte die Geschichte, er sei beim Taubenfüttern aus dem Fenster gefallen, ein Ende, das Hrabals Mitwelt als seiner würdig betrachtete. Aber der Fenstersturz ist sicher nur eine Mystifikation, doch immerhin eine, die nur einem widerfährt, der eine höchst prägnante Figur war. Bohumil Hrabal (1914–1997) ist im Ausland einer der bekanntesten tsche-

chischen Schriftsteller, einer, der eine ganz eigene Note in die Literatur gebracht hat. Bis 1963 hat er mehr oder weniger für die Schublade geschrieben. Dann freilich konnte er aus dieser Produktion bis 1968 jedes Jahr ein Buch veröffentlichen. Er hat viele seiner Werke des Öfteren umgeschrieben, so dass sich über sein gesamtes Œuvre nicht leicht ein Überblick gewinnen lässt. Aber das ist gerade bei Hrabal nur ein philologischer Ehrgeiz, denn seine Schreibe ist auch in kleinen Texten, ja selbst in Textausschnitten gleich zu identifizieren. Seine Art der Gegenwärtigkeit erlaubt ihm ein scheinbares Schweifen respektive Abschweifen, von dem sich der Leser täuschen lassen darf, aber vielleicht doch nicht täuschen lassen sollte: Hrabal ist ein Erzähler, der genau kalkuliert. Zu seinen Leitfiguren gehört der Baßler, im Tschechischen ›Pábitel‹. Der Baßler ist nach der schönen Definition Radko Pytlíks »so fasziniert vom Erzählen, daß der Eindruck entsteht, daß die Zunge sich den Baßler ausgesucht habe, um durch seinen Mund sich selbst zu erblicken und zu zeigen, wozu sie fähig ist«. Ein solcher ist in den Wirtschaften (siehe oben) am besten aufgehoben, wo sich im Gespräch selbst das Disparateste mit und oder oder verbinden lässt. Als auch Hrabal um 1970 ein Publikationsverbot traf, konnte er sein Dissidentenschicksal mit einem Interview wenden, das als Bekenntnis zum Regime verstanden werden konnte und so verstanden worden ist. Neben seinem schon gewürdigten Roman *Ich habe den englischen König bedient* ist sein eindrucksvollstes Werk *Allzu laute Einsamkeit*. Dort arbeitet der Held, wie übrigens auch der Autor in den 1950er Jahren, in einer Altpapierpresse. Dank der hier abgeladenen Bücher lernt er die Weltliteratur kennen. Aber wie schon die Druckwerke selbst ist eines Tages auch die Presse überholt und ihr Beschicker soll gleich mit ihr ausrangiert werden. Er geht in den Tod,

indem er das Schicksal seiner Bücher teilt. Ein Selbstmord ist möglicherweise auch die wahrscheinlichere Variante des Ablebens von Hrabal selbst, der in den letzten Jahren seines Lebens verstärkt an Depressionen litt.

JAN HUS, AUCH EIN SPRACHREFORMATOR.

Die Bethlehemskapelle hat einen Rück- und Neubau hinter sich, den sie einem ihrer frühen Prediger verdankt. Jan Hus (um 1370–1415) wurde 1402 hierhin berufen, und obwohl er der Prager Universität 1409/10 sogar als Rektor vorstand, lässt sich sagen, dass dieses Gotteshaus seine Hauptwirkungsstätte war. Hus' Forderungen nach einer Kirchenreform (»Einem irrenden Papst Widerstand zu leisten ist so viel wie Christus gehorchen«) stellten die spätmittelalterliche Herrschaftsordnung derart in Frage, dass Kaiser und Papst zum drastischsten Mittel der Abschreckung griffen und Hus 1415 zu Konstanz verbrennen ließen. Aber Hus wollte nicht nur die Kirche erneuern, sondern auch seine Muttersprache. Es ist ziemlich sicher, dass die *Ortographia Bohemica* (1410) aus seiner Feder stammt, und außer Zweifel steht, dass er wesentlich zur Weiterentwicklung des schriftlichen Tschechisch beitrug. Er gilt als Erfinder der diakritischen Zeichen, die später in viele slawische Sprachen Aufnahme fanden. Darüber hinaus zeugen seine Predigten, Postillen und Briefe von eminenter Gewandtheit des Ausdrucks. Auch die reformatorischen Bewegungen nach ihm und in seiner Nachfolge haben – bis hin zu den Böhmischen Brüdern – die Möglichkeiten der angestammten Sprache erweitert. So heftig die Hussiten bildende Kunst und Instrumentalmusik ablehnten – das Wort galt ihnen viel. Ganz konsequent zeigten die Wände der Bethlehemskapelle ursprünglich als einzigen »Schmuck« Zitate aus reformatorischen Schriften. Einen Gutteil der hussitischen Literatur

machen theologische oder politische Streitgedichte aus. Und ganz im Gegensatz zur verdammten Instrumentalmusik wurde das geistliche Volks-Lied gepflegt. Zu seinen militanten Varianten gehört das *Kdož sú Boží bojovníci* (Die, die Gottes Streiter sind). Beim bloßen Vernehmen dieses Kampfgesangs der Hussitenheere soll den hochgerüsteten Kreuzrittern das Blut in den Adern gestockt haben.

ŽIŽKA UND DIE FOLGEN.

»Die Scheidewand, welche, trotz dreihundertjähriger Zugehörigkeit zum Hause Habsburg, das böhmische Volk von den Österreichern trennt, darf nicht im mindesten verwundern. Ein […] Žižka fände heute in Böhmen mindestens eine Million Anhänger.« So Charles Sealsfield 1828.

Es gehört zu den spannendsten Aufgabestellungen einer Prager Literaturhistorie, die Rolle der Hussiten im Geschichtsbild von deutschen und tschechischen Autoren einzuschätzen. Auf deutscher Seite spannt zunächst kein Böhme den leitmotivischen Bogen, sondern der ›Romantiker‹ Nikolaus Lenau. Schon im Mai 1838 meldet die Prager Zeitschrift *Ost und West*: »Nikolaus Lenau arbeitet an einem Gedichte: Die Albigenser.« In diesem Poem (erstmals erschienen 1842) finden sich die erstaunlichen Verse: »Den Albigensern folgten die Hussiten / Und zahlten blutig heim, was jene litten; / Nach Huß und Ziska kommen Luther, Hutten / Die dreißig Jahre, die Cevennenstreiter, / die Stürmer der Bastille, und so weiter.« Ob dieses lakonische »und so weiter« mit Ausrufezeichen gedacht ist, kann dahingestellt bleiben. (Lenaus Gedichtsammlung *Johannes Ziska. Bilder aus dem Hussitenkriege* – entstanden 1840–1844 – gibt sich deutlich zurückhaltender.) Immerhin beruft der freiheitsbegeisterte Dichter eine Tradition, die zwar Reformatorisches und Revolutionäres eigentümlich mischt, aber

doch den Sturm auf die Bastille zum vorläufigen Höhepunkt erklärt. Daraus sprach der Geist des Vormärz, und so durfte Lenaus Verleger Cotta mit den Albigensern auf »glänzende Erfolge« hoffen.

Erfolge feierte der böhmendeutsche Alfred Meissner mit seinem *Ziska* (1846), begeisterte Aufnahme fand Moritz Hartmanns 1844 herausgegebener Gedichtband *Kelch und Schwert*, ein zweifellos programmatischer Titel. Der Kelch war Symbol und einheitsstiftendes Zeichen der Hussiten, die das Abendmahl »in beiderlei Gestalt feierten«, also auch den Wein an alle Gläubigen ausgaben. Mit seinen Versen hob der Dichter die militanten reformatorischen Gruppen auf den Schild. Und so feurig, so voller Mitgefühl hatte seine Landsleute noch keiner besungen: »O Böhmens Volk! – das heil'ge Korn / Das Du in alle Welt gegossen, / Dir bracht' es rosenlosen Dorn, / Du hast die Früchte nicht genossen.« Und auch Hartmann hebt die »rächenden Hussiten« auf den Schild, wenn er seine Böhmen als »Märtyrer der Völker« preist.

Jenseits der Freiheitsrhetorik hatte die Berufung auf Hus und die Hussiten noch einen weiteren Beiklang. Im Vorfeld der 1848er Revolution gewann rasch an Dynamik, was die Historiker unter dem Stichwort ›nationale Wiedergeburt‹ zusammenfassen. Dafür gibt es einen sprachlichen Indikator: Um 1839/40 wird das verschwommene Böhmen/böhmisch durchgängig durch Tschechen/tschechisch ersetzt, das nun trennscharf gegen Deutsche/deutsch steht.

František Palacký (1798–1876), Nestor der tschechischen Geschichtsschreibung, wusste sich mit den politischen Führern seiner Nation einig, wenn er die Hussitenzeit als glanzvollste Periode der nationalen Geschichte sah. Er hielt, möglicherweise mit Rücksicht auf die Zensur, zur Person Žižkas noch Distanz. Und Josef Kajetán Tyl schrieb sowohl ein

Drama *Jan Hus* wie eines über den Heerführer Žižka. Beide Stücke nehmen die glorreiche Vergangenheit in den Dienst der aktuellen Politik.

In der Folge sollten sich die Gewichte immer mehr zu den radikalen Bewegungen nach Hus verschieben. Quasi ein Vorläufer war das erste neuzeitliche Gedicht eines Tschechen auf Jan Žižka. 1802 veröffentlicht und schon damals viel gelesen, pries diese »Ode« Antonín Puchmajers den Heerführer als Helden. Die Verklärung des genialen Schlachtenlenkers war ja auch die Brücke, auf der sich die oppositionellen Autoren, Tschechen wie Deutsche, begegnen konnten. So nimmt nicht wunder, dass der Staatsapparat oft schon bei Nennung des Namens Žižka aufgestört reagierte. Politisch wirkt die Revolution von 1848 als eine Art Wasserscheide. Mit ihr kann die Phase der nationalen Wiedergeburt als abgeschlossen gelten, die Tschechen verstehen sich nun als eigenes Volk. Seine Führer verweigern dem deutschen Parlament in der Paulskirche die Mitarbeit, dort aber sind die »fortschrittlichen« Linken Meissner und Hartmann als Abgeordnete für den Bezirk Litoměřice (Leitmeritz) vertreten. Da hat es ihnen wenig genutzt, so beredt die Größe und Bedeutung des gemeinsamen Vaterlands beschworen zu haben. Vaclav Frič (1829–1890) ließ in seinen Erinnerungen an beiden deutschen Autoren kein gutes Haar: »Falls Hartmann einen slawisierenden Deutschen spielte und Meissner einen sentimentalen Demokraten, so geschah das alles nur aus schicklicher Konvenienz, wenn nicht gar aus Heuchelei oder bloßer Verstellung.« Prager- oder böhmendeutsche Schriftsteller werden nun lange kein lobendes Wort mehr über Žižka verlieren.

Übrigens trug sich Frič noch als todkranker Mann mit dem Gedanken, ein Drama über die Hussiten zu schreiben. Und Žižka war nun ein national verorteter Mythos. Jan Herben

(1857–1936) popularisierte ihn als Lichtgestalt ebenso wie Alois Jirásek (1851–1930), der ihm in Roman und Drama ein Denkmal setzte. Eine schöne Volte schlägt Svatopluk Čech (1846–1908) in seinen köstlichen *Geschichten vom Herrn Brouček.* Darin findet sich die Titelfigur in die glorreiche Epoche der Hussiten zurückversetzt, und prompt wird dieser Prager Kleinbürger als Kollaborateur der Kreuzritter verhaftet. Ein Tribunal verurteilt ihn zum Tode. Sein Einwand, er sei aus dem 19. Jahrhundert unter die Gottesstreiter gefallen, tut der große Gerichtsvorsitzende Jan Žižka mit den Worten ab: »Irrsinnig ist der Gedanke, daß ein Mensch der fernen kommenden Zeiten unter seine uralten Vorfahren gerate, und wenn auch dieses unerhörte Wunder geschehen könnte, dann soll es um Gottes willen niemals geschehen, daß wir solche Nachkommen haben.«

Kleiner Nachtrag: Die junge Republik berief sich dann wieder stärker auf Jan Hus und erklärte den Tag seines ›Märtyrertods‹ zum Nationalfeiertag. Der Vatikan reagierte damals deutlich verschnupft, für drei Jahre unterbrach er die diplomatischen Beziehungen zur Tschechoslowakei. Die Kommunisten wiederum favorisierten die Hussiten. Sie ergriffen Besitz vom Jan-Žižka-Denkmal. In Prag-Žižkov bauten sie ein monströses Mausoleum für die verdienten Führer des realen Sozialismus. Die Historiker hatten (und haben) ihre liebe Not, die Zeit der Hussiten unter der gewaltigen Mythen-Deckschicht freizulegen. Zum Hussiten-Mythos, zu seiner Verdichtung im Heerführer Jan Žižka aber trugen die Schriftsteller wesentlich bei.

FRÄULEIN F. B. Das Eckhaus Skořepka 1 ist ein imposanter Neorenaissancebau mit reicher Sgraffito-Dekoration. Hier wohnte bis 1913 Max Brod bei seinen Eltern. Am 13. August 1912 kam Franz Kafka, um die Anordnung

der Prosatexte für Kafkas erstes Buch endgültig festzulegen. Kafka hatte schon das ganze Projekt aufgeben wollen, und nur durch die energische Hilfeleistung des Freundes war die Auswahl zustande gekommen. An diesem Abend hatten Brods die vierundzwanzigjährige Felice Bauer zu Besuch, eine entfernte Berliner Verwandte. Im Tagebuch hält Franz Kafka fest: »Fräulein F. B. [...] Knochiges leeres Gesicht, das seine Leere offen trug. Freier Hals. Überworfene Bluse. [...] Fast zerbrochene Nase, blondes, etwas steifes reizloses Haar, starkes Kinn.« Das klingt nicht nach keimender Leidenschaft und/oder nach dem Knüpfen zarter Bande. Doch diese wenig enthusiastische Beschreibung geht einer gewaltigen Korrespondenz voran, von der sich nur die Briefe und Karten Kafkas erhalten haben. Das aber sind über 500. Und sie gehören zu den aufschlussreichsten Dokumenten der Literaturgeschichte überhaupt, geben einen tiefen Einblick in den lückenlosen Zusammenhang von Bedrängnissen und Widrigkeiten, als den der Dichter sein Leben erfährt. Vor allem zeugen sie von den verzweifelten Anstrengungen Kafkas, einen Ausgleich zwischen der Existenzform eines Schriftstellers und eines Ehemanns zu finden, zwischen der als unabdingbar erkannten, existentiellen Einsamkeit (»Ich brauche zu meinem Schreiben Abgeschiedenheit [...] wie ein Toter«) und der ersehnten bürgerlichen (Ehe)Gemeinschaft. Es versteht sich fast von selbst, dass diese Anstrengungen von vornherein zum Scheitern verurteilt sind und Kafkas Zerrissenheit nicht nur zu seinen eigenen, sondern auch zu Lasten Felice Bauers geht. Wenn sie die Fortsetzung des Briefwechsels verweigert oder auch nur zu verweigern scheint, kann er alle Register des Liebeswerbens ziehen. Aber je unausweichlicher er sich auf die Heirat zutreiben sieht, desto mehr Panik spricht aus seinen Formulierungen. Nach der ersten Entlobung im Juli 1914 ebbt Kafkas Briefflut

Felice Bauer und Franz Kafka, 1917

ab, aber erst in der Lungenkrankheit von 1917 erkennt er den Ausweg aus seinem Dilemma (s. S. 162 f.).

EIN DEUTSCHER VERLAG IM PRAGER EXIL.

Es ist eine denkbar unauffällige Adresse, aber eine wichtige. Nachdem Wieland Herzfelde 1933 Deutschland hatte verlassen müssen, residierte sein Malik-Verlag nun Konviktská 5. Mit einem profilierten Programm linker und Avantgardeliteratur war Herzfeld den braunen Machthabern ein besonderer Dorn im Auge gewesen. In Prag wurde Malik zu einem wichtigen Zentrum der Exilliteratur. Etwa 40 Titel umfasste die hiesige Verlagsproduktion, als erstes Buch erscheint im April 1933 Rudolf Oldens *Hitler der Eroberer*, eine der letzten Veröffentlichungen war eine vierbändige Ausgabe mit den Werken Bertolt Brechts (März 1938). Seit dem 20. September 1933 erschienen bei Malik auch die *Neuen Deutschen Blätter*, die zweite literarische Monatszeitschrift des Exils. Nach erstaunlich hohen Auflagen der ersten Nummern musste sie im August 1935 eingestellt werden.

EMIGRIERTE LITERATEN IN PRAG.

Die Tschechoslowakei gehörte zu den wichtigsten Zufluchtsländern deutscher Emigranten, darunter auch vieler Schriftsteller. Für sie waren die Voraussetzungen hier vergleichsweise günstig: es gab eine deutschsprachige Presse, die Honorare zahlen konnte, wie kümmerlich sie im Einzelnen ausfallen mochten. In Prag gab es ein deutsches Theater, es gab viele Menschen, die ohne weiteres deutsch verstanden, auch wenn ihre Muttersprache tschechisch war. Und viele hatten realisiert, welche Bedrohung Hitlerdeutschland darstellte, wie besonders gefährdet das eigene Land war. Die Antifaschisten von jenseits der Grenze wurden anerkannt und

geachtet. In seinem Buch *Ein Zeitalter wird besichtigt* hat es Heinrich Mann auf den Punkt gebracht: »Wir – das ganze verfolgte Deutschland, das intellektuelle, das freiheitliche, waren in dem einzigen Lande nicht nur teilnahmslos geduldet. Prag empfing uns als Verwandte.« Sicher hatten die Emigranten ihre erklärten Gegner in Presse und im rechten Parteienspektrum, auch wurde ihre Lage mit den Jahren schwieriger. Doch selbst wer nur kurz blieb, konnte Beziehungen nutzen, die weit in die tschechoslowakische Gesellschaft hineinreichten, vor allem Karel Čapek setzte sich mit Wort und Tat für die Geflüchteten ein. Über Čapeks Stück *Die weiße Krankheit* urteilte Thomas Mann: »Hier handelt es sich in der Tat um das erste wirksame und erfolgreiche antifaschistische Bühnenwerk.« Bertolt Brecht gab Prag zwar nur kurze Zeit die Ehre, doch wurde seine *Heilige Johanna der Schlachthöfe* hier uraufgeführt. Im Bert-Brecht-Club diskutierten sich die Exilierten die Köpfe heiß, überboten sich an illusionären Prognosen über die kurze Dauer der Hitlerdiktatur. Ein Hilfsfond zugunsten der hiesigen Exilanten trug den Namen Thomas Manns, der ebenso wie sein Bruder Heinrich die tschechoslowakische Staatsbürgerschaft erhalten hatte. Vom 26.–30. Juni 1938, also drei Monate vor dem Münchener Abkommen, tagte hier das Internationale PEN-Zentrum, und würdigte so die Stadt als Metropole des Exils. Und natürlich spiegelte sich der Prag-Aufenthalt im Werk manches Emigranten wider, erwähnt seien nur Stefan Heym (eigentlich Helmut Flieg, 1913–2001) und sein Romanerstling *Der Fall Glasenapp*. Heym schrieb ihn zunächst auf Englisch, unter dem Titel *Hostages* kam er 1942 in den USA heraus, 1943 wurde er dort verfilmt.

DIE REEMIGRIERTEN. Viele pragerdeutsche Autoren hatten ihrer Geburtsstadt mehr oder weniger schnell

den Rücken gekehrt, und die meisten waren nicht nach Wien, sondern nach Berlin (oder Leipzig) gegangen. Als jüdische Schriftsteller besonders exponiert, konnte sie das NS-Regime im wahrsten Sinn des Wortes namhaft machen. Immerhin blieb ihnen die Möglichkeit, ins vorläufig noch unbedrohte Prag zurückzukehren. Es gehört zu den abgefeimteren Ironie-Varianten der Geschichte, dass so ab 1933 eine pragerdeutsche Literatur noch einmal festere Umrisse erhielt. Die Rückkehrer nutzten ihre Kontakte zu den in Prag verbliebenen Autoren, an erster Stelle zu Max Brod, aber auch zu Ludwig Winder und Oskar Baum, die alle bei deutschsprachigen Zeitungen angestellt waren. Nur wenige hielten sich längere Zeit hier auf (verhängnisvoll lange blieb jedoch Paul Kornfeld). Der zeitweilig enge Kafka-Vertraute Ernst Weiß ging schon 1934 von Prag nach Paris, schrieb dort mit dem *Augenzeugen* einen kaum verschlüsselten Roman über Adolf Hitler und starb an den Folgen eines Selbstmordversuchs. Zu den Rückkehrern gehörten auch Egon Erwin Kisch (der gleich wieder aufbrach), Willy Haas und Louis Fürnberg.

EXILLITERATUR. Es ist vielleicht kein Zufall, dass *Unter fremden Himmeln. Ein Abriß der deutschen Literatur im Exil 1933–1947* (erschienen 1948) von einem gebürtigen Prager stammte. Franz Carl Weiskopf (1900–1955), Sohn eines deutschen Juden und einer tschechischen Mutter, gehörte zu den Mitbegründern des Devětsil (s. S. 129 f.) und früh zur KPČ. Seine journalistische Arbeit für die Partei brachte ihm mehrere Anklagen wegen ›literarischen Hochverrats‹ ein. 1928 übersiedelte er ins Reich, wurde Feuilletonredakteur bei *Berlin am Morgen* und Mitglied im ›Bund Proletarisch-Revolutionärer Schriftsteller‹. Nach der Machtübernahme Hitlers ging er zurück, in Prag hatte

Weiskopf bis 1938 die redaktionelle Leitung der *Arbeiter-Illustrierten-Zeitung*. Über Paris flüchtete er 1939 in die USA, der Tschechoslowakei diente er nach dem Krieg als Diplomat, doch schon 1953 kam er wieder nach Berlin (Ost). Dort leitete er bis zu seinem frühen Tod zusammen mit Willi Bredel die Zeitschrift *Neue Deutsche Literatur*. Im Übrigen war er wie Fürnberg (s. S. 128 f.) ein strammer Parteisoldat, dessen Prosa jedoch in Rang und Charakter über der bloßen Bekenntnisliteratur stand. Einige Werke blieben seiner Heimat verhaftet, allen voran *Das Slawenlied*, ›Roman aus den letzten Tagen Österreichs und den ersten Tagen der Tschechoslowakei‹. Im Mittelpunkt der unvollendeten Trilogie *Kinder ihrer Zeit* steht die Familie eines Prager Druckereibesitzers und Verlegers.

PRAGER DURCHHÄUSER. Das Durchhaus heißt so wegen seiner Durchlässigkeit. Sie bezieht sich nicht auf eines der hier so zahlreichen Gespenster, für die Mauern seit je nichts Abweisendes haben, geschweige denn auf jemand, der mit dem Kopf durch die Wand will. Nein, Durchhäuser haben Torbogen, und wer unter sie tritt, will am anderen Ende gleich wieder hinaus. Meist stellt das Durchhaus die kürzeste Verbindung zwischen zwei Gassen her, oft nicht über die ganze Tiefe eines Gebäudes, sondern von einen Innenhof unterbrochen. Dennoch bietet es die Chance, trockeneren Fußes und Hauptes von A nach B zu kommen. »Der Fremde geht durch Straßen. Der autochthone Bürger benützt außer diesen hie und da auch das Durchhaus.« *Eine Monographie der Durchhäuser* zu skizzieren blieb Egon Erwin Kisch vorbehalten, dem eminenten Kenner der Stadttopographie und einem Durchhausvirtuosen von Jugend an. Sonst wird diese städtebauliche Eigentümlichkeit in der Literatur gerne der Geheimnisfülle Prags zugeschlagen oder

aber mit schöner Beiläufigkeit abgehandelt, nur der gebürtige Berliner Walter Mehring apostrophiert einmal »die klaffende Fresse eines Durchhaustunnels«. Das ›Platýs‹ (Platteis) nennt Gewährsmann Kisch den »Boulevard unter den Durchhäusern«, mutmaßlich weil der Komplex gleich zwei Passagen aufbieten kann, die vom Uhelný trh (Kohlenmarkt, Nr. 11) zur Narodní třida (Nr. 37) führen. Leider werden immer mehr Durchhäuser für den Durchgangsverkehr gesperrt (»Průchod zakázán«). Nicht ausgeschlossen, dass dazu auch jene Touristen beitrugen, die es in ein Durchhaus verschlug und bei der Gelegenheit die Pawlatschen der Innenhöfe mit ethnographischer Wissbegierde musterten.

DEUTSCHE ZEITUNG BOHEMIA. »Bei der ›Bohemia‹ herrschten patriarchalische Verhältnisse. Sie war 80 Jahre alt und ein vornehmlich politisches Blatt. Ihre Stellungnahme galt als die aller Deutschen in Böhmen, wurde von den Provinzzeitungen nachgedruckt und an ausländische Zeitungen telephoniert.« Die *Deutsche Zeitung Bohemia* war unter den Prager deutschen Zeitungen die älteste und die konservativste. Sie war das Sprachrohr des ›deutschen Prag‹, hielt die Ihren und die Tschechen streng getrennt. Noch einmal Kisch: »Daß diese Barriere zwischen den beiden nationalen Ghettos nimmermehr überschritten werde, darüber wachte auf deutscher Seite die ›Bohemia‹ mit Feuer und Schwert.« Ganz auf dieser Linie lag Fritz Mauthner, auch als er das Blatt längst verlassen hatte. Immerhin: Der eben zitierte Egon Erwin Kisch verdiente sich hier als Lokalreporter seine Sporen. Etwa zur gleichen Zeit, vom Herbst 1908 bis Anfang 1913, arbeitete im Kulturteil Paul Wiegler (1878–1949). Sein Interesse für die zeitgenössische Literatur hatte unter anderem zur Folge, dass

während seiner Zeit fünf Kafka-Texte in der *Bohemia* erschienen. Auch, als er nach Berlin und zur *B. Z. am Mittag* wechselte, hielt er zu Kafka Kontakt. 1933 erschien Wieglers einziger Roman *Das Haus an der Moldau*. Er spielt großenteils und was die Örtlichkeiten angeht, so topographisch genau in Prag, als wolle er einen Stadtplan überflüssig machen. Aber das hat ein begeisterter Franz Werfel (»Ich finde das Buch wunderschön«) sehr viel freundlicher formuliert: »Auch die Nennung und Aufzählung von Straßen, Gassen, Plätzen, Gegenden entzückt mich in ihrer sanften Hartnäckigkeit.« Zuletzt stand Ludwig Winder (s. S. 46 ff.) für das hohe Niveau des Bohemia-Kulturteils ein. Viele namhafte Autoren konnten hier veröffentlichen, natürlich auch die Prager. Der Verlag residierte im ehemaligen Annenkloster (Liliova 9).

DAS THEATER UND SEIN DRAMATURG. Das

›Divadlo Na zábradlí‹ (Theater am Geländer) spielt auch heute die Stücke von jungen tschechischen und slowakischen Autoren. Bis 1969 wirkte hier Václav Havel (geb. 1936), zuletzt als Hausautor und Dramaturg. Der Sohn aus einer großbürgerlichen Familie musste für seine Schul- und Hochschulabschlüsse die Schleichpfade Abendgymnasium und Fernstudium in Anspruch nehmen. 1966 hatte er die Prager Theaterakademie absolviert – und schon seine ersten Triumphe als Stückeschreiber gefeiert. 1963 erregte Havel mit *Zahradní slavnost* (dt. Das Gartenfest) großes Aufsehen. Darin macht der unauffällige Hugo Pludek atemberaubend schnell Karriere, weil er fürs Erlernen der amtlichen Diktion ein ausgesproches Talent zeigt. Havel bedient sich hier der Stilmittel des absurden Theaters, scheut auch die groteske Übertreibung nicht. Entscheidend ist jedoch seine sprachkritische Stoßrichtung. Sie nimmt ebenso das Funktionärs-

chinesisch wie die Versatzstücke volkstümlicher Anbiederung aufs Korn. Noch zugespitzter trägt *Vyrozmění* (Die Benachrichtigung, 1965 uraufgeführt) diese Kritik vor. 1968 kam das letzte Drama Havels vor dem generellen Aufführungsverbot heraus. Dann waren nur noch private oder halbprivate Aufführungen unter konspirativen Bedingungen möglich, etwa 1975 seine Version der Bettleroper außerhalb Prags. Das Regime ahndet sie mit dem Entzug des Führerscheins für den Autor. Kaum erwartete Erfolge erzielen dessen Einakter *Audience* und *Vernisáž* – allerdings nicht in seinem Heimatland, sondern nur jenseits des Eisernen Vorhangs. Bühnen in aller Welt folgten dem Wiener Burgtheater, das die beiden Stücke 1976 uraufführte. Havel darf, trotz einer hochoffiziellen Einladung durch den österreichischen Minister für Unterricht und Kultur, nicht bei der Premiere zugegen sein, die zuständigen Stellen teilen lapidar mit, der Verfasser sei »kein offizieller Repräsentant der tschechoslowakischen Kultur«. Das Burgtheater bringt 1986 auch Havels *Pokoušení* (Die Versuchung) heraus. Diese Variation des Faust-Themas verarbeitet Früchte der Lektüre von Goethes *Faust* und Thomas Manns Roman *Doktor Faustus*, die Havel während der Haft lesen durfte.

VACLAV HAVEL ALS REGIMEGEGNER. Nach dem Ende des Prager Frühlings beginnt für den Autor ein Leidensweg, dessen erste Station ein Ausreiseangebot ist. Havel lehnt ab. Seiner offenen Gegnerschaft zu den Vollstreckern des realen Sozialismus folgen mehr als nur die üblichen Repressalien, also Verlust der Publikationsmöglichkeiten und Verbannung in die Arbeiterklasse, hier in eine Trutnover Brauerei. 1975 schreibt er einen offenen Brief an den KP-Generalsekretär Gustav Husak, in dem er die Partei für den desolaten Zustand der tschechoslowakischen Gesell-

schaft verantwortlich macht. Er ist Mitverfasser der *Charta 77*, die den Parteigewaltigen besonders schwer im Magen liegt. Die Charta fordert nämlich die Einhaltung der Menschenrechte, wie sie die Schlussakte von Helsinki festhält, ein Dokument, das auch von der Sozialistischen Republik Tschechoslowakei unterzeichnet worden war. Insgesamt muss Havel knappe fünf Jahre hinter Gitter zubringen, nach einer schweren Erkrankung wird er 1983 entlassen. Noch Anfang des Jahres 1989 wird er wieder verurteilt, auch verweigern ihm die Staatsorgane die Ausreise, um in Franfurt den Friedenspreis des Deutschen Buchhandels entgegenzunehmen. Eindrucksvollstes Zeugnis seiner Gefängniszeit sind die *Briefe an Olga*, die freilich auf die Zensurbestimmungen der Haftanstalten Rücksicht zu nehmen hatten. Havels essayistisches Werk reicht in die Zeit seiner Staatspräsidentschaft hinüber, die er über zwei Staaten ausdehnen konnte: Als letzter Präsident der Tschechoslowakei und erster Tschechiens.

Die untere Neustadt

DER GRABEN. Der breite, repräsentative Straßenzug Na Příkopě eignete sich bestens zum Sehen und Gesehenwerden. Er war für das deutsche Prag vor dem Ersten Weltkrieg wahrhaft ein Ort der Begegnung. »Am Graben fand allsonntäglich in den späten Vormittagsstunden der Korso statt, auf dem Grüßen und Nichtgrüßen kultiviert wurde, wobei die im ersten Fall geübten Nuancen größte Bedeutung hatten«, so Friedrich Torberg in seinem Buch *Die Tante Jolesch oder Der Untergang des Abendlandes in Anekdoten.* Zugleich betont Torberg, dass er hier aus der Erinnerung – und, so wäre hinzuzufügen teils gar nicht mal aus seiner eigenen – schreibt, aus der Rückschau auf die Prager »deutsch-jüdische Gesellschaft« und auf deren »bis in die Wurzeln ausgerottete Existenzform«. Zu den literarischen Institutionen am Graben gehörte lange das ›Café Français‹ an der Ecke zur Celetná, wo seit 1932 ein pompöses Bankhaus steht. Gleichfalls verschwunden ist das ›Café Continental‹ (einst Na příkopě 17), ebenfalls eine deutschprager Institution und ein Autorentreff. Und natürlich dürfen auch hier die so charakteristischen Oberkellner- oder Garderobiergeschichten nicht fehlen, die zum Kaffeehaus gehören wie die Moldau zu Prag. Eine wird Torberg um so lieber erzählt haben, als sie ihn selbst betrifft. Denn dass der phänomenale Herr Hahn »eines Abends meinen Mantel entgegennahm, ohne mir einen Garderobenzettel einzuhändigen«, zeugt für den Ruhm des Autors vom *Schüler Gerber.*

Zweifellos kam dem Continental die Nähe der Prager-Tag-blatt-Redaktion zugute. Offensichtlich waren die hiesigen Journalisten noch notorischere Kaffeehausbesucher als die hiesigen Literaten, wenn nicht beide Tätigkeiten ohnehin in Personalunion ausgeübt wurden.

EIN EXEMPLARISCHER LEBENSLAUF. Friedrich Torberg (eigentlich Kantor-Berg, 1908–1979) wurde in Wien geboren und kam 1921 in die nun tschechoslowakische Hauptstadt – für seine Eltern, die beide aus einer Prager jüdischen Familie stammten, war es eine Rückkehr. Sohn Friedrich hatte einen literarischen Senkrechtstart, 1930 erschien – dank der Vermittlung Max Brods – sein bis heute bekanntester Roman *Der Schüler Gerber hat absolviert* (später nur *Der Schüler Gerber*). Schon 1927 arbeitete er gelegentlich fürs *Prager Tagblatt*, versuchte sich dann an einem Jurastudium, hatte aber als Wasserballer ungleich mehr Erfolg: 1928 wurde er mit Hagibor Prag tschechoslowakischer Meister. Torberg arbeitete als Journalist, veröffentlichte auch in der *Selbstwehr*, dem Organ der Prager Zionisten. Beim »Anschluss« Österreichs war er in Prag, von hier aus emigrierte er zunächst in die Schweiz, dann nach Frankreich, 1939 meldete er sich zur tschechischen Exilarmee. 1940 entkam er über Portugal in die Vereinigten Staaten, seit 1951 lebte er wieder in Wien. Dort profilierte sich Torberg als aufrechter Kalter Krieger, unter anderem setzte er sich für den Brecht-Boykott auf österreichischen Bühnen ein. Sein Roman *Die zweite Begegnung* (1950) spielt im Prag nach der kommunistischen Machtübernahme, aber die Stadt hat er nie wiedergesehen.

K. K. DEUTSCHES STAATSGYMNASIUM. Es hat unter den Prager deutschen Autoren nur wenige gege-

ben, die hier nicht irgendwann einmal die Schulbank gedrückt haben. Ihre Erinnerungen und biographischen Skizzen sind voll von schulischen Reminiszenzen, meist ingrimmiger Natur. Auch Fritz Mauthner (1848–1923), der später als Sprachkritiker berühmt werden sollte, war Absolvent dieses Gymnasiums, Prag-Neustadt, Graben 20. Er hat das Versagen der Lehranstalt mit dem ihm eigenen Rigorismus gegeißelt: »Der Kardinalfehler scheint mir noch heute eine tiefe Verlogenheit des Systems, eine offenbare Kluft zwischen den Schulprogrammen und der Schulleistung.« Während Mauthner vor allem auf das Versagen in den Fächern Griechisch und Latein abhebt, beklagt Werfel im Ganzen die »schul-füchsisch-bürokratische Lehrweise, mit der die vorgeschriebenen Disziplinen zu Tode gehetzt wurden.« Er wechselte denn auch später auf das Gymnasium in der Štěpánská, nur ein kurzes Gastspiel gab Leo(pold) Perutz, bevor er nach Krummau auswich.

ABSOLVENT JOHANNES URZIDIL. Es gibt viele Autoren, die Prag verherrlicht haben, aber es gibt wohl keinen, der darin Johannes Urzidil (1896–1970) gleichgekommen wäre. Das ist schon deshalb bemerkenswert, weil er seine Prag-Bücher aus der Rückschau und an einem geographisch weit entfernten Standort schrieb. Nach seiner Flucht aus Prag und einem kurzem Londoner Zwischenspiel emigrierte Urzidil nach Amerika. In seinen oft autobiographisch unterlegten Erzählungen, etwa im *Repetent Bäumel* (Repetent heißt Sitzenbleiber), spielt auch das Gymnasium am Graben eine Rolle, zu Recht hängt dort die Gedenktafel für den Dichter. Denn im Unterschied zu manch anderem, der in der Prager deutschen Literatur Rang und Namen hat, machte er hier tatsächlich seine Matura. Schon vor der Reifeprüfung veröffentlichte Urzidil unter

dem Pseudonym Hans Elmar Gedichte im *Prager Tagblatt*, und gehörte selbstverständlich zu den ›Arconauten‹ (s. S. 89 f.). An der deutschen Universität studierte er Slawistik, Germanistik und Kunstgeschichte, fand nach dem Krieg eine Anstellung bei der deutschen diplomatischen Vertretung, war seit 1918 Korrespondent des *Tagblatts*, seit 1923 auch der *Bohemia*. 1933 verlor Urzidil, nach der kranken Nomenklatur der neuen reichsdeutschen Machthaber ein »Halbjude«, den Posten als Pressereferent bei der deutschen Botschaft. 1939 entging er mit knapper Not den Schergen, die der Rechtsnachfolger seines einstigen Arbeitgebers auch auf ihn angesetzt hatte. In seinem Exilland USA sah er schon bald eine neue Heimat, bemühte sich um und erhielt 1946 die amerikanische Staatsbürgerschaft. Er veröffentlichte in der Landessprache, blieb zeitlebens Bürger von New York. Immerhin unternahm er oft ausgedehnte Vortragsreisen durch Europa (stets ohne die Station Prag), die Liste seiner Ehrungen, darunter der Große Österreichische Staatspreis für Literatur, hat eine beachtliche Länge. Sie galten vor allem dem »großen Troubadour jenes für immer versunkenen Prag«, wie ihn Max Brod genannt hat. Ein leidenschaftliches Bekenntnis zur Moldaumetropole verheißt *Die verlorene Geliebte* (1956), die Stadt im Titel führt der Erzählband *Prager Triptychon* von 1960. Von Urzidils fester Einbindung in die Prager Literaten- und Künstlerszene, übrigens sowohl die deutsche wie die tschechische, zeugt auch seine Totenrede für Kafka, diese Zeugenschaft gab seiner Stimme besonderes Gewicht. 1932 kam sein opus magnum *Goethe in Böhmen* heraus, dreißig Jahre später die bedeutend erweiterte Überarbeitung. Das Jahr 1936 stand im Zeichen seiner kunstwissenschaftlichen Veröffentlichungen, damals erschienen *Wenceslaus Hollar. Der Kupferstecher des Barock* und *Zeitgenössische Maler der Tschechen*. Von seiner »Liebe

zu Böhmen« zeugt auch die Stifter-Erzählung *Der Trauer-matel* (1945). Dem Prager Autor sui generis ist ein zehnbän-diges (!) Editionsprojekt gewidmet, das ihn wieder dem deutschsprachigen Lesepublikum zugänglich machen soll.

DIE VOLKSSCHULE. Später haben sich ihre Schul-wege häufiger getrennt, aber ob sie nun Nikolander wurden, wie Egon Erwin Kisch, ins Gymnasium am Graben oder in das in der Štěpánská wechselten: in die private Volksschule des Piaristenordens gingen sie alle – ungeachtet ihres jüdi-schen Glaubens. Sie lag im erhaltenen, imposanten Kloster-gebäude Panská 1. Die Gemeinschaft empfahl sich seit je als Schulorden, blieb deshalb unter Kaiser Josef II. von der Säkularisation verschont. Die Piaristenbrüder unterrichte-ten nicht nur an ihren eigenen Schulen, so gehörte auch Franz Kafkas Gymnasialklassenlehrer Emil Gschwind dem Orden an. Während sich Kisch (er kam erst zu Beginn des vierten Schuljahrs) außer »des martervollen Moments mei-nes Schuleintritts« an »nicht viel« erinnerte, hat Franz Wer-fel ein höchst eindrucksvolles Zeugnis seines ersten Schul-tags überliefert. Es ist ein Zeugnis in gereimter Form, aber mit präzisen Vergegenwärtigungen vom »Kuttenmann« (»groß und grau«) oder von »Lehrers Winselgeige«. Und seine damalige Verzagtheit werde ihm übers Leben hinaus in den Knochen stecken: »Wenn ich mir die Kindheit hole / Wunderlich und unversehrt, / Glaub ich nicht, sie sei wie Kohle / Längst verglommen, längst verzehrt. / Wo die Kindsgespenster nisten / Geh ich als mein Widerhall / Ewig zu den Piaristen / Irgendwo in Gottes All.«

DEUTSCHES HAUS. Wo anders als am Graben konnte das ›Deutsche Haus‹ liegen? Der barocke Stadtpalast – er wurde nach dem Zweiten Weltkrieg zum ›Slovanský

dům‹, zum Slawischen Haus – war das Zentrum im gesellschaftlichen Leben des Prager deutschen Bürgertums. Von den zahlreichen kulturellen Veranstaltungen, die hier stattfanden, seien nur die Rezitationen zweier Prager Autoren erwähnt. Besonderen Eindruck muss Franz Werfels sehr gut besuchte Lesung am 11. Januar 1913 gemacht haben. Übrigens auch auf den Vortragenden selbst, wie sich ein Augen- und Ohrenzeuge erinnert: »Als der Dichter unter dem rauschenden Beifall seiner Zuhörer zur Pause das Podium verließ, hatte er sich – gespielt oder echt – derart in Ekstase gesteigert, dass er beim Abgang mit einer wuchtigen Armbewegung ein Fenster der Glastüre klirrend zerschlug.« Eher ernüchtert hatte Rainer Maria Rilke auf seine Lesung vom 3. November 1907 zurückgeblickt: »Der Vortrag flau, wieder die abscheulichen alten Damen, über die ich mich als Kind verwunderte« (in einem Brief an seine Frau Clara).

EIN VERGESSENER PRAG-ROMAN. Dichterlesungen fanden im noblen Spiegelsaal des Deutschen Hauses statt. Aber es gab hier auch noch ganz andere Räume für ganz andere Veranstaltungen. Zwar stammt das folgende Zitat aus einem Roman, doch braucht es hier kaum Fiktion, um den Ort als Schauplatz der Erzählung zu vergegenwärtigen: »In der großen Schwemme des deutschen Hauses, im flutenden Rauchgewölk und abgeblendeten Sonnenlicht, sahen die bunten Kappen wie flächige Lampions aus oder wie Kinderballons, die von ihrer Kugelgestalt nur noch den Kreis behalten haben. An langen, ungedeckten Tischen saßen die farbentragenden Korporationen, die Finkenschaften, die schlagenden und nichtschlagenden Verbindungen beim Frühschoppen. Der Urquell schäumte, die Wiener waren heiß und der Kren scharf.« In dieser Atmosphäre demütigt der Patrizier Egon Epp den Kleinbürger Jakob

Dowidal, der ihn nun in einem gnadenlosen Vernichtungs-feldzug zur Strecke bringen wird. *Kinder einer Stadt* (zuerst erschienen 1932) von Hans Natonek konfrontiert zwei Typen der Prager deutschen Gesellschaft: Epp, den Spross einer liberalen, großbürgerlichen Fabrikantenfamilie und Dowidal, den jüdischen Aufsteiger aus kleinsten Verhältnissen. Außerdem ist *Kinder einer Stadt* ein Roman im Journalistenmilieu, und mit einer Pressekampagne setzt Dowidal seine Rache ins Werk. Das Buch hat ein sehr eigentümliches, aber für Natonek charakteristisches Ende. Die infame Tat befreit den Täter: »›Der Weg zu mir selbst ist jetzt frei.‹« Freund Josef Roth, der gegen den Roman mancherlei einzuwenden hatte, sah doch auch seine Qualitäten: »Der Dowidal ist UNVERGESSLICH […] eine wahrhaftige Shakespeare Figur.«

UND SEIN VERGESSENER AUTOR. Hans Natonek (1892–1963), geboren in Prag und gestorben im amerikanischen Exil, gehörte als Feuilletonchef der *Neuen Leipziger Zeitung* (1923–1933) und steter Mitarbeiter der renommierten *Weltbühne* zu den profiliertesten Journalisten der Weimarer Republik. 1932 noch mit dem Goethe-Preis der Stadt Leipzig ausgezeichnet, musste er ein Jahr später die Möglichkeit nutzen, in seiner Geburtsstadt Zuflucht zu suchen: »Als er den ersten tschechischen und deutsch-pragerischen Laut hörte, schlug eine Welle der Rührung in seinem Herzen hoch. Die Tränen des Heimkehrers sitzen locker.« Dort lebte er, bald als repatriierter Tschechoslowake, fünf Jahre. November 1938 ging er nach Paris, entkam mit knapper Not den deutschen Besatzern und erreichte über Marseille und Lissabon die USA. Seine Versuche, sich als englischsprachiger Autor zu etablieren, scheiterten. 1987 kam es – dank der Initiative Jürgen Serkes – zu

einer Neuausgabe von *Kinder einer Stadt*, der ein Jahr später *Blaubarts letzte Liebe* folgte.

DIE UNERTRÄGLICHE HEIMAT. Unter den lebenden tschechischen Autoren dürfte Milan Kundera (geb. 1929) der bekannteste sein, und sicher ist er derjenige, dessen Bücher im deutschen Sprachraum am besten vertreten sind. Nur hat er 1989 und später eine »Heimkehr« konsequent verweigert, und das ist manchem in der Heimat übel aufgestoßen. Zu allem Überfluss wechselte er Anfang der 1990er Jahre in die Sprache seines Gastlands über. Seitdem darf gestritten werden, ob er ein tschechischer oder ein französischer Autor ist. In der Klimentská 4 aber hat die Filmhochschule (FAMU) ihren Sitz, an der er als Dozent für Literatur gewirkt hat und die ihm 1970 den Stuhl vor die Tür setzte. 1975 konnte er ausreisen, vier Jahre später wurde ihm die tschechoslowakische Staatsbürgerschaft entzogen. Hier aber hatte er 1967 mit *Žert* (deutsch als *Der Scherz* 1987 erschienen) seinen ersten Erfolg, dem allerdings keine weiteren mehr folgen sollten. Sein nächstes Buch *Das Leben ist anderswo* kam zuerst in Frankreich und in Französisch heraus. Schon die Botschaft dieses Romans mussten die Leser der Heimat als Affront empfinden. Die hohe Wertschätzung, der hohe Anteil der Gattung Lyrik am belletristischen Gesamtaufkommen wird von ihm als mangelnde Erwachsenheit der tschechischen Literatur gedeutet. Auch der nächste Roman erschien (1976) wieder zuerst auf französisch, wurde aber wohl 1969/70 geschrieben und hat den beziehungsreichen Titel *Abschiedswalzer* (dt. 1989). Die Ausbürgerung zieht eine Lücke in Kunderas kontinuierlichem Romanschaffen nach sich. Das nächste Werk *Das Buch vom Lachen und Vergessen* sprengt die wahrhaftig geduldige Form des Romans. Es spricht vom Glück des befreiten

Arbeitens, des Verzichts auf die Schere im Kopf, die zu Hause selbst die Besten »verblöden« lässt. Kunderas *Unsterblichkeit* (1990) ist ein Abschied ohne Walzer, es ist sein letzter, noch tschechisch geschriebener Roman.

DIE UNERTRÄGLICHE LEICHTIGKEIT DES SEINS. Der weltweite Erfolg eines Romans fordert zu seiner Verfilmung heraus. 1987 drehte Philip Kaufman *Die unerträgliche Leichtigkeit des Seins*, eine durchweg gut beurteilte US-Produktion. Die deutsche Übersetzung des Buches ging damals schon in die zehnte Auflage, die Kritik hatte es (oft enthusiastisch) gelobt. Der Film beschränkte sich, mit dem Einverständnis Kunderas, auf das Handlungsgerüst. Als die Truppen der Bruderstaaten den Prager Frühling beenden, ist der Protagonist Tomas noch ein renommierter Gehirnchirurg. Mit seiner Geliebten Teresa geht er nach Zürich, doch als sie wieder nach Prag zurückkehrt, folgt Tomas ihr. Nun beginnt sein beruflicher Abstieg, zuletzt putzt er Fenster, und erst die unqualifizierte Tätigkeit schützt ihn halbwegs vor den Nachstellungen der Sicherheitsbehörden. Außerdem ermöglicht sie Tomas ein schrankenloses Ausleben seines erotischen Freibeutertums, Teresa leidet darunter immer mehr. Bis hierhin, also gut zwei Drittel, ist *Die unerträgliche Leichtigkeit des Seins* auch ein Prag-Roman. Doch nach Teresas seelischem Zusammenbruch beschließen beide, sich aufs Land zurückzuziehen, der Protagonist wird LKW-Fahrer in einer landwirtschaftlichen Produktionsgenossenschaft. Über das Ende der beiden Hauptfiguren ist der Leser allerdings schon vorher unterrichtet worden. Völlig ramponierte Bremsen lassen Tomas die Gewalt über seinen Laster verlieren, er und Teresa sterben in den Trümmern.

So weit die verfilmte Handlung. Das Buch *Die unerträgliche*

Leichtigkeit des Seins hat jene eigenwillige, kunderaspezifische Struktur, der die bloße Nacherzählung nicht gerecht werden kann. Seine Gliederung in sieben Teile verweist auf die Nähe des Werks zur musikalischen Komposition, der Autor verschränkt die Zeitebenen, kokettiert damit, über die Handlungsweisen seiner Figuren nicht immer ganz im Bild zu sein, und hebt philosophische Exkurse unter. Selbst vor Anmerkungen zur Gattungstheorie schreckt Kundera nicht zurück: »Ein Roman ist nicht die Beichte eines Autors, sondern die Erforschung dessen, was das menschliche Leben bedeutet in der Falle, zu der unsere Welt geworden ist.« Anfänglich musste sich Kundera gegen Verleger durchsetzen, die sein elegantes Erzählen überschwänglich lobten, aber die »theoretischen Passagen« einfach weglassen wollten. Besonders eindrucksvoll gelingt ihm die Vermittlung der politischen Geschehnisse und der Liebesgeschichte. Und wenn andere den Zeigefinger heben, steht ihm grimmige Ironie zu Gebote. »So starb der Dichter František Hrubín auf der Flucht vor der Liebe der Partei. Der Kulturminister, vor dem er sich verzweifelt versteckt hatte, holte ihn erst ein, als er im Sarg lag. An diesem Sarg hielt er eine Rede über die Liebe des Dichters zur Sowjetunion. Vielleicht wollte er Hrubín mit dieser Schändlichkeit wieder auferwecken.«

DER GEBRAUCHSSCHRIFTSTELLER FRANZ KAFKA.

Am 30. Oktober 1911 rekapituliert Kafka eine kleine Szene aus seinem Arbeitsalltag: »Beim Diktieren einer größern Anzeige an eine Bezirkshauptmannschaft. Im Schluß, der sich aufschwingen sollte, blieb ich stecken. Endlich habe ich das Wort ›brandmarken‹ und den dazu gehörigen Satz, halte aber alles noch im Mund mit einem Ekel und einem Schamgefühl, wie wenn es rohes Fleisch wäre.

Endlich sage ich es, behalte aber den großen Schrecken, daß zu einer dichterischen Arbeit alles in mir bereit ist, während ich hier im Bureau um eines so elenden Aktenstückes willen einen solchen Glückes fähigen Körper um ein Stück seines Fleisches berauben muß.« Damals arbeitet der Autor schon gut drei Jahre in der Arbeiter-Unfall-Versicherungs-Anstalt für das Königreich Böhmen, Na poříčí 7. Die halbstaatliche Einrichtung versicherte die abhängig Beschäftigen Böhmens (später dann der Tschechoslowakei) gegen das oft erhebliche Risiko eines Arbeitsunfalls. Böhmen war das höchstindustrialisierte Land der Monarchie, die Prager Anstalt für ein gutes Drittel aller Arbeiter Altösterreichs zuständig. Der Löwenanteil ihrer Einnahmen sollte von den Unternehmern kommen, die Beitragshöhe richtete sich nach der Gefahrenklasse, in die der jeweilige Betrieb »eingereiht« war. Unter anderen gehörte diese Einreihung zu den Aufgaben Kafkas; keine leichte Arbeit, denn oft ließen die Unternehmer nichts unversucht, ihre Sätze zu drücken. Die Versicherung musste dagegen auf möglichst realistischen Beiträgen bestehen. Ihre Position hat Kafka in Fachorganen, in amtlichen Briefen und Rekursen, ja sogar in Vorträgen und in Zeitungsartikeln vertreten. Der Band Amtliche Schriften der Kritischen Kafka-Ausgabe zeigt den Autor als profilierten Sozialrechtler, der die technologischen wie gesellschaftlichen Entwicklungen in Böhmen sehr genau gekannt haben muss. Er bekam stets vorzügliche Beurteilungen seitens seiner Chefs, für seine Fähigkeiten spricht auch die zügige Karriere in der Anstalt. Dort wussten sie nicht nur den sattelfesten Juristen zu schätzen, sondern auch dessen stilistische Eleganz. Dennoch lassen die Aussagen Kafkas über sein Beamtendasein an Deutlichkeit nichts zu wünschen übrig. »Dort im Bureau ist die wahre Hölle, eine andere fürchte ich nicht mehr«, schreibt er an seine Verlobte Felice Bauer. Obwohl er einen

›Dienst mit einfacher Frequenz‹ versah, also um 14 Uhr die »Anstalt« verlassen konnte, sah er seine literarische Existenz durch seinen Brotberuf vernichtet. Der Plan, nach dem Krieg freier Schriftsteller zu werden, zerschlug sich mit Ausbruch seiner Lungenkrankheit 1917. Bleibt nachzutragen, dass sich die Anstalt unter tschechoslowakischer Leitung gegen ihren kaum noch dienstfähigen Mitarbeiter nobel verhielt. Sie beförderte Kafka 1922 noch zum Obersekretär, ehe sie ihn am 1. Juli des Jahres pensionierte.

KAREL HAVLÍČEK BOROVSKÝ. »Kenne dich nun dreißig Jahre – / Rasch vergeht die Zeit! – / Aber Jung'! Was für Gefrieser / Seh' ich dir zur Seit'?« So lässt Karel Havlíček (1821–1856) in den *Tiroler Elegien* seine Taufkirche fragen, die er auf dem Weg in die Verbannung passieren muss. Borovský war sein nom de guerre, abgeleitet von seinem Geburtsort Boravá auf der böhmisch-mährischen Höhe. Er besuchte die deutschsprachigen Gymnasien in Jihlava (Iglau) und Německý Brod (Deutschbrod, nach einer Niederlassung des Deutschherrenordens), seit 1945 Havlíčkův Brod, seine ersten Gedichte verfasste er auf deutsch. Nach Prag kam er 1838 als Student an der Philosophischen Fakultät. Später (1840/41) besuchte er für kurze Zeit das Priesterseminar, das er als erbitterter Gegner der Amtskirche verließ. Kaum anders erging es ihm bei seinem Russlandaufenthalt, er belehrte den glühenden Slawophilen drastisch über die Rückständigkeit des Landes und das zaristische Zwangsregime. Nach seiner Rückkehr 1844 redete er dem Austroslawismus das Wort, der den vereinigten Slawen eine Führungsrolle innerhalb der Monarchie zuwies. Havlíčeks handgreifliches Eintreten für seine politischen Überzeugungen hat Alfred Meissner in seinen Memoiren geschildert. Zu Beginn des Jahres 1846, also schon mit 24

Jahren, war er Chefredakteur der *Pražské Noviný* (Prager Zeitung), dann vom Revolutionsjahr 1848 bis 1950 Herausgeber der *Narodní Noviny* (Nationalzeitung). Als Kritiker bestand er auf literarischer Qualität, selbst bekennende Tschechen mussten seine spitze Feder fürchten: »»Süß ist's, das Vaterland zu lieben‹, / Wie oft habt ihr das schon niedergeschrieben. / Doch heißt es, auf das Vaterland zu spucken / lasst ihr die Verse auch noch drucken.« Besonders übel gezaust hat Havlíček Josef Kajetán Tyl (s. S. 25 f.). Auch sein dichterisches Werk trägt scharf polemische Züge, von den Epigrammen über die schon erwähnten *Tiroler Elegien* (1851), den *König Lauron* bis hin zur unvollendeten *Taufe des heiligen Vladimir* (1854). Sie markieren den Weg eines Dissidenten, dessen journalistisches Wirken den habsburgischen Behörden immer missliebiger wurde. Zunächst musste er von Prag in die Provinz ausweichen, 1851 verfügten die Behörden dann die Verbannung nach Brixen. Die Bedingungen an der Eisack hatten nichts von Sibirien; wohl durfte er das Städtchen nicht verlassen, aber sich dort immerhin frei bewegen. Als ihn die Staatsmacht 1855 wieder in die Heimat entließ, war seine Frau dort an Tuberkulose verstorben, und er selbst trug die Krankheit schon in sich. Der Dichter überlebte die Rückkehr nach Prag nur um wenige Monate. Mehr die Umstände seiner Rückkehr als die seiner Verbannung boten sich an, Havlíček als Märtyrer zu instrumentalisieren, das geschah bis weit in die Zeiten der sozialistischen Republik. So hat Havlíčeks posthumer Ruhm sein Werk eher überstrahlt als erhellt. Immer wieder einmal sind seine Verse ins Deutsche übersetzt worden. Aber sie warten nach wie vor auf eine Übertragung, die ihrer virtuosen Melodik wie ihren grimmig-präzisen Pointen gerecht wird. – 1945 wurde die Straße, in der sein Sterbehaus (Havlíčková 3) liegt, nach ihm benannt.

CAFÉ ARCO. Immerhin ein Prager Kaffeehaus gibt es, das wenigstens die namentliche Kontinuität ununterbrochen gewahrt hat. Das 1907 eröffnete Café Arco lag zentral, nicht nur gleich neben dem Staatsbahnhof (heute – wieder – Masarykovo nádraží), sondern auch in Börsennähe, rasch wurde es auch zur literarischen Institution. »Hier trafen sich die deutschen Schriftsteller, Werfel, der damals Verse schrieb, Kafka, der gerade seinen ersten Roman (sic!) herausgegeben hatte und eine Zeit quälender Zweifel an seiner schriftstellerischen Begabung durchmachte, Max Brod, Egon Erwin Kisch, der damals schon das ganze nächtliche Prag kannte, Pick und Leppin.« So erinnert sich der tschechische Dramatiker František Langer (1888–1965) an das »elegante Etablissement«, um nur wenige Zeilen später festzuhalten: »Das Verhältnis zwischen uns und den jungen deutschen Autoren war ausgesprochen freundschaftlich.« Das bestätigt auf der Gegenseite Johannes Urzidil: »Der nationale Ausgleich war in diesem Kaffeehaus unter den Literaten zu einer Zeit verwirklicht, in welcher noch auf der Straße schärfster nationaler Kampf tobte.« Eine köstliche Beschreibung des hiesigen Literatentreibens gibt der – ebenfalls tschechische – Schriftsteller Alfred Fuchs (1892–1941). Er behielt einen Gast offenbar ganz besonders im Gedächtnis, wohl weil dessen Präsenz einem Hofhalten glich. »Als er das Kaffeehaus betrat, eilte ihm der Oberkellner wie ein Ansager voraus, um zu melden, dass der berühmte Herr Lyriker hereinkomme. Darin lag nichts Ironisches. Herr Lyriker war ein Fachausdruck im Munde des Herrn Ober. […] Oft war zu hören, wie der Ober bedauerte, dass ein Tisch besetzt sei, weil hier immer die Herren Pragmatisten säßen, oder dass der Herr Konstruktivist sich heute zu den Herren Urchristen gesetzt habe.« Auch ein anderer hat diesen »Herrn Lyriker« scharf ins Auge gefasst: »Wie er von der

Ferne beim Kaffeehaustisch aussieht. Geduckt, selbst im Holzsessel halb liegend, das im Profil schöne Gesicht an sich gedrückt, vor Fülle (nicht eigentlicher Dicke) fast schnaufend, ganz und gar unabhängig von der Umgebung, unartig und fehlerlos«. So Franz Kafka in seinem Tagebuch (8. April 1914) über Franz Werfel. Und wirkliches Stammquartier war das Arco eigentlich nur für Franz Werfel und seine Vertrauten, zu denen Paul Kornfeld und Willy Haas gehörten.

KARL MAY IN PRAG. Natürlich lebt die Literaturgeschichte einer Stadt auch in ihren Fußnoten. Eine dieser hochgestellten Zahlen gilt der Adresse Hybernská 2, dem ehemaligen ›Hotel de Saxe‹ bzw. ›Sächsischer Hof‹. Hier sprach im Oktober des Jahres 1898 ein Dreizehnjähriger mit der Bitte vor, von einem berühmten Autor empfangen zu werden. Der Knabe hieß Egon Erwin Kisch, die literarische Zelebrität war kein Geringerer als Karl May. Er war nach Prag gekommen, um klare Verhältnisse zu schaffen. Die Verhandlungen gestalteten sich schwierig, aber schließlich hatten May und sein tschechischer Verleger Josef Richard Vilímek doch noch eine gemeinsame Basis gefunden, wie eine Anzeige in der *Bohemia* kundtat: »Ich erkläre hiermit, daß ich mich mit der hiesigen Verlagsfirma J. R. Vilímek bezüglich der Übersetzung meiner Werke in die böhmische Sprache gütlich geeinigt habe.« Die Einigung sollte sich wenigstens insofern lohnen, als – nach den Worten eines späteren Übersetzers – »das tschechische Volk unter seinen gelesensten Autoren Karl May hatte«. Kisch aber hatte die Gelegenheit genutzt und vom Meister der Spannungsliteratur ein Autogramm ergattert.

DEUTSCHE KAMMERSPIELE. Die ›Kleine Bühne‹ des Deutschen Theaters lag – seit Jahreswechsel 1921/22 –

am Senovážné náměstí (Heuwagsplatz 28). Schon beim Überfliegen der Spielpläne erstaunt, wie viel (im Vergleich zu heute) zeitgenössische Stücke hier geboten wurden. Selbstverständlich gab es einige Uraufführungen Prager deutscher Autoren; Namen wie Hans Klaus tauchen auf, die heute nur noch den ganz eingefleischten Kennern etwas sagen. Und am 19. Juni 1924 fand hier die Gedenkfeier für Franz Kafka statt. Dramaturg Hans Demetz, selbst mit dichterischen Ambitionen, vor allem aber ein Bühnenpraktiker, der das expressionistische Theater durchsetzen half, hatte die Veranstaltung ermöglicht. Dabei weiß Sohn Peter zu berichten, dass er sich über den außerordentlichen Rang des posthum Geehrten keineswegs im Klaren war: »Mein Vater konnte es noch fünfzig Jahre später nicht fassen, dass der Kafka Franzl ein Dichter war, wie Goethe oder Dante.« Johannes Urzidil erinnert sich, der Saal sei »vollbesetzt« gewesen (obwohl »fast ausschließlich von deutschsprachigen Prager Juden«), 500 Menschen habe er gefasst (Dokumente anlässlich der Einweihung sprechen allerdings nur von knapp 400 Sitzen). Hans Demetz sprach die einführenden Worte, die große Gedenkrede war natürlich Max Brod vorbehalten, und Urzidil »fiel es zu, nach Max Brod im Namen der jungen Generation der Dichter zu sprechen«. So tief ihn der frühe Tod Franz Kafkas betroffen hatte, als Erzähler hat Urzidil dem Verstorbenen doch ein Weiterleben gegönnt. *Kafkas Flucht* führt nach New York, wo der 80jährige Dichter »noch immer als Gärtner auf Long Island« lebt, ein überaus rüstiger Greis und Witwer. Seinen nunmehrigen Weltruhm nimmt der erzählte Kafka beiläufig zur Kenntnis, und natürlich fällt ihm es nicht ein, auf seine Existenz aufmerksam zu machen.

RAINER MARIA RILKE AUS PRAG. Vom Standpunkt der Literatur aus fällt kaum ins Auge, dass Rainer Maria Rilke (1875–1926) in Prag geboren wurde und einen Großteil seiner Jugend dort zubrachte. Seine Prager Herkunft und Prager Jahre hat er später keinesfalls herausgestrichen. Rilkes Geburtshaus Jindřišska (Heinrichsgasse) 17 steht nicht mehr, es wurde 1926 durch den heutigen Bau ersetzt. Außerdem zwingt die bloße Tatsache der Geburt, und sei es auch einer der berühmtesten deutschen Dichter, nicht zu seiner Aufnahme in die literarischen Streifzüge durch eine Stadt. Doch wird dem Leser längst aufgefallen sein, dass der Fall ein wenig anders liegt. Rilkes zweiter Gedichtband *Larenopfer* (1895/96) liest sich passagenweise wie ein gereimter Stadtführer. Voll unfreiwilliger Komik steckt mancher Vers, aber der eine oder andere lässt doch den künftigen Sprachmeister erkennen. Und Rilke sucht ausdrücklich Anschluss an »böhmischen Volkes Weise«, er nennt die tschechischen Zeitgenossen Jaroslav Vrchlický und Julius Zeyer, mit dessen schöner Nichte Valerie von David-Rhonfeld (»Äugelein hell und klar, / Zähnlein so fein, – «) ihn eine – kurze – Liebesbeziehung verbindet. Schließlich zollen auch die *Zwei Prager Geschichten* (1899, s. S. 155 ff.) der Geburtsstadt Tribut; es gibt demnach gute Gründe, Rilkes Prager Jahre hier wenigstens zu umreißen. Auch er, der Nichtjude, besuchte die nahgelegene Grundschule der Piaristen, ging zur weiteren Ausbildung nach Österreich, kehrte aber schon im Mai 1892 wieder nach Prag zurück und legte am Graben-Gymnasium (s. S. 77 f.) 1895 das Abitur ab. Ohne Enthusiasmus hörte er an der hiesigen Universität zunächst Literaturwissenschaft und Kunstgeschichte, dann Jura. Erstaunlich allerdings, wie umtriebig Rilke während dieser Zeit als Literaturagent in eigener Sache wirkt. Nicht zuletzt macht er die Prager Germanistik-

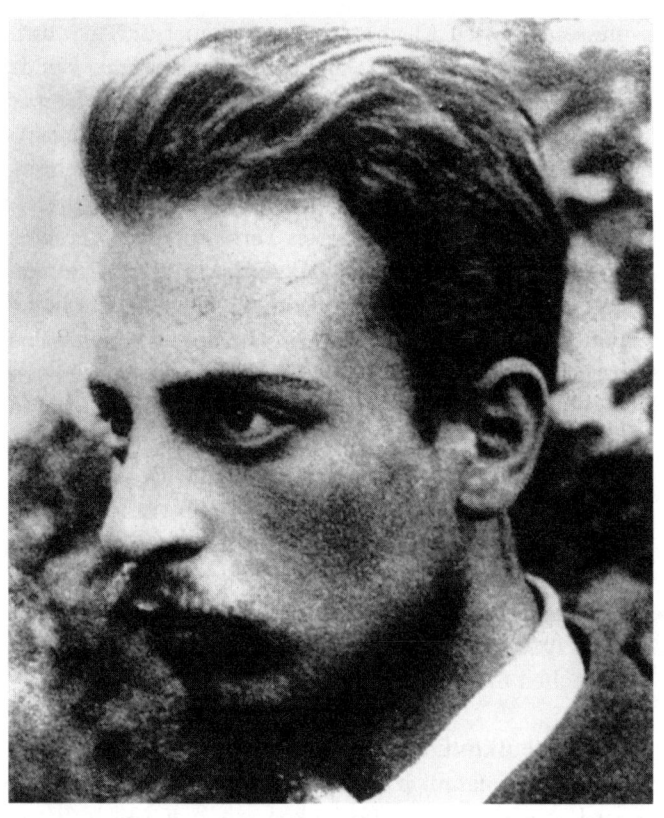

Rainer Maria Rilke im Jahr 1903

professoren Alfred Klaar und August Sauer auf sich aufmerksam, der Kontakt zu August und seiner Frau Hedda Sauer bleibt für den Dichter lange wichtig. Ende September 1896 verlässt er Prag endgültig, um nur noch sehr gelegentlich, vor allem zu Besuchen seiner Mutter, zurückzukehren. Ein Brief vom 22. August 1910 deutet an, warum er zur Heimatstadt ein derart distanziertes Verhältnis hat: »Schade, dass nun Prag kommen musste, kaum zu atmen, dicht von abgestandenem Sommer und unbewältigter Kindheit.« Direkter hatte er sich einige Jahre zuvor gegenüber Ellen Key geäußert: »Mein Kindheitsheim war eine enge Mietswohnung in Prag, [...] unser kleiner Hausstand, der in Wirklichkeit ein kleinbürgerlicher war, sollte den Schein der Fülle haben, unsere Kleider sollten die Menschen täuschen, und gewisse Lügen galten als selbstverständlich.« Mitte August 1911 besucht er Prag zum letzten Mal. Nach dem Zusammenbruch Österreich-Ungarns aber bemüht sich Rilke um die tschechoslowakische Staatsbürgerschaft, im Mai 1920 erhält er dann den Pass, der ihm aus mancher Verlegenheit hilft.

DER BLINDE DICHTER. »Wir liebten ihn, weil er so tapfer und männlich den Schwierigkeiten des Lebens die Stirn bot.« Max Brods Gedenken gilt hier Oskar Baum (1883–1941). »Wir« will heißen der engste Prager Freundeskreis, den außer Baum und Brod noch Kafka und der Philosoph Felix Weltsch (1884–1964) bildeten, mit »den Schwierigkeiten des Lebens« ist zuallererst die Blindheit Baums gemeint. Der Sohn eines Pilsener Tuchwarenhändlers erblindete nicht nur auf dem einen, von Geburt an sehschwachen Auge, sondern verlor mit 11 Jahren nach einer Rauferei auch das zweite. »Dann brachte ich acht kurze, lustige Jahre in der Blindenanstalt Hohe Warte, Wien, zu,

bestand mit Stolz die staatliche Lehramtsprüfung für Klavier und Orgelspiel und zog nach Prag, wo ich allmählich Geliebter, Ehemann und Vater wurde.« Baum wird zuerst Kantor und Organist an einer Synagoge, als er diese Stelle nach dem Einspruch orthodoxer Juden verliert, unterrichtet er Klavierspiel. 1904 vermittelt Max Brod die Bekanntschaft mit Kafka. Im Dezember 1907 heiratet er. Die Wohnung des Ehepaars (Opletalová 26, später lange Jahre Mánesova 30 im Stadtteil Vinohrady) wird zum Treffpunkt der Freunde, die hier ihre Werke vorstellen und besprechen. Ab 1922 ist Baum fest angestellter Musikkritiker der *Prager Presse* (s. S. 112 f.), er schreibt ebenfalls für namhafte reichsdeutsche Zeitungen wie *Die Aktion* und *Die Weltbühne*. Sein erstes Buch kann er 1908, einmal mehr mit Hilfe von Max Brod, veröffentlichen; dieser Novellenband *Uferdasein* hat den Untertitel ›Abenteuer und Tägliches aus dem Blindenleben von heute‹. Auch der Roman *Das Leben im Dunkeln* (1909) hat den Verlust des Sehvermögens zum Thema. Der Hauptfigur Friede Ellmann widerfährt das Schicksal des Autors. Allerdings geraten hier tschechische Kinder in Rage, weil der jüdische Junge »vor alle Leut deitsches Buch« liest. Beim folgenden Raufhandel zerstören die Splitter des Brillenglases sein intaktes Auge. Das problematische Zusammenleben von Deutschen, Juden und Tschechen in einer Provinzstadt schildert *Die böse Unschuld* (1913). »Die einzige deutsche Schule des Ortes ist die von der Kultusgemeinde erhaltene Judenschule. Rührend bleibt es freilich, daß die Juden diese Sprache und, soweit es an ihnen lag, auch die Volksart treuer bewahrten, als die, denen sie den Vorfahren her im Blute lag.« Baum bekanntester Roman trägt den Titel *Die Tür ins Unmögliche* (1920). Hier klagt sich der Oberbeamte Krastik des Mordes an einem verkrüppelten Kind an, eines Mordes, den er gar nicht begangen hat. Er weigert

sich auch, die Gefängniszelle zu verlassen, als ihm die Justiz seine Unschuld nachweisen kann. Er sieht sein Verbrechen freilich darin, gegen Mutter und Kind gleichgültig gewesen zu sein. Krastiks Verhalten bleibt nicht ohne Folgen, er wird zum Heilsbringer der erlösungssüchtigen Massen und Politiker versuchen, ihn für ihre höchst partikularen Zwecke zu instrumentalisieren. Dem entzieht er sich durch seinen Tod: ›Die Tür ins Unmögliche‹ bleibt verschlossen. Oskar Baums eigener Tod nach einer Operation bewahrt ihn vor der Verschleppung ins Lager. Seine Frau wird deportiert und stirbt 1942 in Theresienstadt.

KARL KRAUS. Er stammte aus Jičín, der einstigen Hauptstadt des wallensteinschen Herzogtums Friedland, war also ein gebürtiger Böhme. In Wien wurde Karl Kraus (1874–1936) zum meistgefürchteten Satiriker des deutschen Sprachraums. Unzähligen Autoren hat seine *Fackel* (1899–1936) heimgeleuchtet, auch hatte in Prag die Zeitschrift von Beginn an eine große Leserschaft. Später glänzte Kraus auch als begnadeter Interpret (nicht nur) der eigenen Texte. Und nirgendwo außerhalb Wiens hat er so viele Auftritte absolviert wie in Prag, insgesamt 57-mal redete er hier vor Publikum, zuerst am 12. Dezember 1910.

Es muss demnach viele Prager gegeben haben, die seine satirischen Kahlschläge goutierten. Aber eben nicht alle. Und für einige der hiesigen Autoren war er ein rotes Tuch. Denn Kraus verharrte keinen Moment in andächtiger oder nur staunender Bewunderung dafür, dass die Moldaumetropole eine Fülle literarischer Talente hervorbrachte: »In Prag, wo sie besonders begabt sind und wo jeder, der mit einem aufgewachsen ist, welcher dichtet, auch dichtet und der Kindheitsvirtuose Werfel alle befruchtet, so daß sich dort die Lyriker vermehren wie die Bisamratten.« Urteile

dieser Art erledigten gleich die ganze Generation, und natürlich scheute sich Kraus nicht, auch einzelne Schriftsteller namentlich zu nennen.

Vorab beäugte er alles kritisch, was aus Böhmen kam und die Feder führte. Sein besonderer Widerwille gegen die – manchmal nur zugerechneten – Hauptstädter darunter fand Nahrung auch in der Mär vom ›Prager Deutsch‹, angeblich dem makellosesten überhaupt. Dieses zähe Gerücht – es wird gelegentlich noch heute verbreitet – gründete auf der höchst abstrakten Vorstellung, ihre Insellage habe die Prager Deutschen von jeglichem Dialekt und damit von allen sprachlichen Verunreinigungen abgeschnitten.

Aber ›das gute Prager Deutsch‹ erledigte Kraus gewissermaßen nur nebenbei. Die ganze Stoßkraft seiner Angriffe galt einer bestimmten Art Journalisten, »jenem zwischen Wien und Berlin, also in Prag beliebten Typus, der aus Zusammenhängen und Möglichkeiten zu neuen Sehnsüchten gelangt und der in schwelgerischen Adjektiven einbringt, was ihm die Natur an Hauptwörtern versagt hat«. Er sah dabei den ›Schmock‹ am Werk, hier verstanden als gewissenlosen Schönschreiber, immer bereit, die sachliche Richtigkeit einer pseudopoetischen Wendung zu opfern. Und die Steigerung von Schmock war für ihn der Prager Schmock, denn: »das sind die ärgsten«. An anderer Stelle erklärte er, »dass die Prager Schmöcke mit Recht so berühmt sind wie die Prager Schinken«.

Von den Ausfällen gegen eine Prager Spezies abgesehen, hatte Kraus' Kreuzzug gegen die absolute Herrschaft des Feuilletons sicher seine Berechtigung. Aber er zielte eben nicht nur auf die Zeitungsleute, sondern auch auf die Prager Dichter, zumal in Prag etliche Autoren beide Optionen wahrnahmen. Schon vor der Generation der Werfel und Brod traf es den Gynäkologen Hugo Salus (1866–1929).

Salus konnte etliche Buchveröffentlichungen vorweisen, renommierte Zeitschriften wie der *Simplicissimus*, *Jugend* und *Ver sacrum* druckten seine Arbeiten. An der Moldau war er eine wirkliche Zelebrität, um nicht zu sagen eine Instanz, und bot sich schon deshalb fürs Niedermachen an. Ungern haben die Kraus-Kritiker zugegeben, dass bei Salus Ruf und Rang kaum übereinstimmten. Der Hinweis, Schönberg habe seine Gedichte *Einfältiges Lied* und *Der genügsame Liebhaber* vertont, ist ein schwaches Gegenargument.

Allerdings war das eher ein Vorgeplänkel verglichen mit den Breitseiten, denen die jüngeren Prager Autoren ausgesetzt waren. Heftig wurde Max Brod gezaust. Als recht erfolgreicher Autor, zudem als eine Art Leitwolf seiner Prager Kollegen, musste er Kraus ins Auge fallen. Anfangs suchte Brod noch den Kontakt zum Terminator in Wien, und ganz unrecht dürften ihm dessen Attacken auf Salus nicht gewesen sein. Schließlich zählte der Arzt zu den zwei oder drei Schlüsselfiguren des pragerdeutschen Establishments, die das hiesige Kulturleben fest im Griff hatten. Doch schon 1911 musste Brod in der *Fackel* eine abfällige Bemerkung über seinen Roman *Jüdinnen* lesen. Sie eröffnete eine lange Reihe satirischer Erledigungen von Autor und Werk.

Kraus hatte damals den Brod-Tadel mit einem Werfel-Lob verbunden. Das musste Brod doppelt schmerzen, weil er Werfel gefördert hatte und nun fand, dass der es an Dankbarkeit fehlen ließ. 1911 veröffentlichte die *Fackel* einige Gedichte aus Werfels erstem Lyrikband *Der Weltfreund* mit der redaktionellen, also kraus'schen Bemerkung: »In wessen Liebe die Welt so liebenswert erscheint, der schafft dem Weltfeind eine frohe Stunde.« Die Biographen berichten außerdem, dass Kraus bei seinen Prag-Besuchen des Öfteren die Gastfreundschaft der Familie Werfel genoss. Und

viele Belege zeigen eindrucksvoll, wie heftig Sohn Franz um den Wiener Großkritiker warb.

Aber bald wurde Werfel für Kraus zum Inbegriff des Prager Literatur-Unwesens. Übrigens kommt dann auch das Café Arco ins Spiel: »Aus dem Orkus in das Café Arco, / dorten, Freunde, liegt der Nachruhm, stark o / liegt er dort am jüngsten Tage auf.« Das sind die letzten drei Verse des Gedichts *Elysisches. Melancholie an Kurt Wolff* (1916), an den Verleger also. In seiner Reihe *Der Jüngste Tag* waren etliche Prager Autoren vertreten, Werfel betreute sie als Lektor. Die Kraus'schen Verse, und es gibt in den sieben Strophen durchaus bösartigere, zielten wiederum aufs Ganze (»Dort in Prag«), besonders aber auf den ›Weltfreund‹ Franz Werfel, dessen O-Mensch-Pathos hier ebenfalls unters Rad der Satire gerät.

Kleiner Exkurs: Auch der Fackel-Leser Franz Kafka reagierte auf Sprachgebräuche, wie sie in Prag gängig waren, sehr empfindlich. Schon im frühen Fragment *Beschreibung eines Kampfes* wird die Metaphernprunksucht angegriffen, und es ist schwer, bei diesem Zitat nicht (auch) an Franz Werfel zu denken: »Die Pappel in den Feldern, die Ihr den ›Turm von Babel‹ genannt habt, denn Ihr wusstet nicht oder wolltet nicht wissen, dass es eine Pappel war, schaukelt wieder namenlos und ihr müsst sie nennen, ›Noah, wie er betrunken war‹.«

Zurück zu Karl Kraus. So viele Einwände der Stil von Max Brod heute herausfordert, so flüssig sich die expressionistischen Exzesse Franz Werfels heute als ihre eigene Parodie lesen lassen: wenn Kraus einmal Witterung aufgenommen hatte, konnte er auch selbst zum Opfer seines Jagdeifers werden. Zweifellos hatte es wenigstens der gereiftere Werfel nicht verdient, derart angegangen zu werden. Der Fairness halber soll aber auch hinzugefügt werden, dass sein Bann-

Franz Werfel im Jahr 1920

strahl nicht alle Prager deutschen Autoren traf. Die Gedichte des jung gefallenen Franz Janowitz (1892–1917) schätzte er außerordentlich, ihrem Verfasser widmete er einen geradezu schwärmerischen Nachruf und später ein Sonett in der *Fackel*. Es gehört zur Ironie der Literaturgeschichte, dass Max Brod diesen Autor einen »Mittelpunkt seiner Entdeckerfreude« nannte. Als er 1913 *Arcadia. Jahrbuch für Dichtkunst* herausgab, hatte er erstmals Werke von Franz Janowitz veröffentlicht. Für Karl Kraus Anlass genug, von diesem Brod-Band als »fragwürdige Anthologie« zu sprechen.

Noch im letzten Jahrgang der *Fackel* (1936) nahm sich Kraus der Prager deutschen Literatur an, ganz zuletzt traf es Johannes Urzidil. Damit hielt der Herausgeber nicht nur sich, sondern einem »Phänomen« die Treue, das später die Literaturwissenschaft so faszinieren und ausdauernd beschäftigen sollte. Im Übrigen nennt er schon 1934 das »Prager Schmocktum« eine »ehrwürdige Einrichtung«. Zwar tut er das im Rückblick und nur um einen neuen Gegner aufzubauen, aber für seine Verhältnisse wählt er eben doch eine versöhnliche Formulierung.

PRAGER TAGBLATT. 1906 zog das 1875 gegründete *Prager Tagblatt* in die Panská 8 (damals noch die Nummer 12). Seit 1898 leitete Heinrich Teweles die Redaktion, als ehemaliger Dramaturg des Deutschen Theaters förderte er die ausführliche Berichterstattung von dieser Bühne. 1910 wurde Teweles sogar ihr Direktor, und beim Tagblatt folgte ihm Karl Tschuppik. Er räumte der Literatur einen bedeutenden Platz im Tagblatt ein, das sich an den Interessen seiner Leserschaft aus den wirtschaftsliberalen Kreisen orientierte. Tschuppiks Ägide endet mit dem Umbruch von der k. u. k. Monarchie zur tschechoslowakischen Republik.

Unter seinem Nachfolger Sigismund Blau war das Prager Tag- kein Provinzblatt mehr, sondern ein hauptstädtisches Organ. Während der 1920er und 1930er Jahre hatte es eine Auflage von etwa 45.000 (sonntags 52.000) Exemplaren und zählte zu den angesehensten deutschsprachigen Blättern. Mit dem Eintritt Max Brods 1924 in die Redaktion wurde der Kulturteil noch einmal erweitert, unter den Theaterreferenten finden sich prominente Namen wie Berthold Viertel, Alfred Polgar oder Siegfried Jacobsohn. Brod sorgte für eine regelmäßige Beilage ›Deutsche Dichtung aus Prag‹, hier konnten von Hugo Salus bis zu Hermann Ungar und Ludwig Winder alle mehr oder weniger namhaften Autoren veröffentlichen, auch ihre neu erschienenen Bücher wurden regelmäßig besprochen. Und gleich zwei Werke ihrer Redakteure erlauben einen Blick hinter die Kulissen der Zeitung. *Rebellische Herzen* hieß der Roman von Max Brod, der ab 1968 unter dem Titel *Prager Tagblatt. Roman einer Redaktion* erschien. Darin heißt es: »Im Prager Tagblatt lehnte man alles ab, was ans Fassadenhaft-Imposante oder Tierisch-Ernste (so nannte man es hier) auch nur von fern erinnerte. Das Prager Tagblatt [...] war ein europäisches Kuriosum und als solches in Berufskreisen und weit über sie hinaus bekannt.« Das hohe Lied der Prager Blattmacher singt Friedrich Torberg in seiner *Tante Jolesch*. Er fasst zusammen: »Nie wieder ist mir auf so kleinem Raum eine so große Zahl von Käuzen und Originalen begegnet wie im alten ›Prager Tagblatt‹, nie wieder eine so einzigartig aus Witz und Wachheit, aus Begabung und Können gemischte Atmosphäre.«

DER STADTPARK. Heute besteht er aus wenig mehr als ein paar kläglichen Rasenflächen. Und die Schilder: »Don't touch the gras« (schon mal mit einem »Smoke it!« von Hand sprachspielerisch konterkariert) haben einen

flehentlichen Beiklang. Immerhin trägt die Anlage den Namen des einst gefeierten Dichters Jaroslav Vrchlický, und vorzeiten gab es hier Partien spektakulärer Gartenarchitektur. Die Anlage strahlte entschieden auf ihre Umgebung aus: ›Der Stadtpark‹ war nicht einfach ein Park, sondern auch eine sehr noble Adresse. Am Stadtpark, genauer Opletalova 41 (damals Mariánska ulice / Mariengasse), wohnten – eine zweisprachige Gedenktafel erinnert daran – seit 1903 die Werfels. Mit dem Stadtpark jedoch verbinden Franz Werfel noch frühere Erinnerungen, schon in Begleitung seiner Kinderfrau muss ihn der Weg oft hierhin geführt haben. Es kann beim »Kindheitsvirtuosen« nicht ausbleiben, dass diese Erinnerungen Thema seiner ersten Lyrikbände sind, etwa im Gedicht *Erster Frühling*: »Geht man heut durch den Stadtpark, ist das Stroh von den Beeten weg / Und schon schwillt stellenweise aus dem Braun des Rasens ein grüner Fleck.« Mehr werfeltypische Emphase unter dem Horizont des Expressionismus hat eine Strophe, die ausdrücklich nicht zur Übertretung des eingangs zitierten Verbots auffordern soll: »Ich will mich auf den Rasen niedersetzen, / Und mit der Erde in den Abend fahren. / Oh Erde, Abend, Glück, oh auf der Welt zu sein!«

Ein ganz anderer Ton wird im schmalen Buch *Der Stadtpark* angeschlagen. Sein Autor Hermann Grab (1903–1949) stammte aus einer sehr wohlhabenden deutschprager Familie. Er beschreibt die schon dem Untergang geweihte Welt dieses Patriziats im Kriegswinter 1915/16. *Der Stadtpark*' (1932 geschrieben, 1935 veröffentlicht) ist nicht geradezu eine Kindheitsgeschichte, die Hauptfigur Renato Martin dürfte etwa 13 Jahre alt sein. Sie hat ein feines Gespür für die Selbstgenügsamkeit des sozialen Umfelds, die Verbrauchtheit seiner Konventionen: »›Schau‹, sagte sie, ›die Krokusse kommen schon.‹ Sie denkt, daß man sich darüber

freuen muß, meinte Renato bei sich selbst. Sie denkt, wie es im deutschen Lesebuch geschrieben steht.« Dieses Moment der skeptischen Reflexivität eines sehr jungen Menschen gibt dem Werk eine ganz eigene Atmosphäre.

DER PRAGER AUTOR HERMANN GRAB.

Grabs nuanciertes Erzählen ist oft mit der Prosa Prousts verglichen worden. Es hatte prominente Fürsprecher. »Zweifellos war Grab vom Schicksal dazu ausersehen, der Führer der nächsten Prager literarischen Generation zu werden«, schrieb Max Brod im *Prager Kreis*. Aber auch der weniger zum Enthusiasmus neigende Theodor W. Adorno hat den Autor hochgeschätzt. Grab, Dr. phil. und Dr. jur., war eine Doppelbegabung, seine Liebe und Leidenschaft galt sowohl der Musik wie der Literatur. Seit 1932 wirkte er als Klavierlehrer und Musikkritiker in Prag, seine Wohnung am Senovážné náměstí (Nr. 16) war später eine »stille Oase der Kultur zu einer Zeit, als die Barbarei des Hitlerfaschismus auch Prag zum unsicheren Asyl deutscher Emigranten gemacht hatte« (Helena Tomanová). Sein Ruf als Pianist und die Vermittlung seines Bruders brachten ihn 1939 zusammen mit drei historischen Tasteninstrumenten rechtzeitig außer Landes, dem Pariser Konzert schloss sich das Pariser Exil an. Er wurde 1940 zur tschechoslowakischen Auslandsarmee einberufen, die sich jedoch offenbar nur seiner pianistischen Fähigkeiten versicherte: »Ich habe mich bemüht, sehr anständig zu spielen, aber trotzdem ist es mir, wie jeder weiß, nicht gelungen, Frankreich von der Klaviatur aus erfolgreich zu verteidigen.« Über Lissabon konnte Grab in die USA fliehen, auch dort wurde er ein erfolgreicher Musikpädagoge. Aber er schrieb weiterhin Erzählungen. Von ihnen wurde allein *Die Advokatenkanzlei* zu seinen Lebzeiten veröffentlicht, sie spielt in einer Prager Anwalts-

praxis zu Beginn der Okkupation. Kurz nach seinem frühen Tod erschienen *Ruhe auf der Flucht* und *Die Mondnacht*, während zwei weitere Geschichten (*Hochzeit in Brooklyn* und *Der Hausball*) erst 1957 herauskamen. Daneben »rekonstruierte« er in New York einige Skizzen »im Stil Kafkas«, deren Manuskripte auf der Flucht verloren gegangen waren. Allerdings wandte sich Hermann Grab erst 1944 wieder ernsthaft dem Schreiben zu. Eine Krebserkrankung überschattete die letzten drei Jahre seines Lebens. Sie verhinderte wohl auch die Vollendung eines wirklichen, eines großen Romans, der in Prag knapp vor Beginn des Ersten Weltkriegs seinen Ausgang nehmen sollte.

SMETANOVO DIVADLO. Das Smetanovo divadlo, früher Neues Deutsches Theater, zeigt heute nur noch Opernproduktionen, daher sein offizieller Name ›Statní opera‹. Die drei Portaitbüsten im Giebel waren Programm, stellten die herausragenden Köpfe des nationalsprachlichen Theaterschaffens dar, Goethe, Schiller und – Mozart. Der Bau – außen Neorenaissance, der Zuschauerraum fesches Neorokoko – wurde aus Spendengeldern finanziert, namhafte Beträge kamen von der Familie Hermann Grabs. Eröffnet wurde das Haus am 5. Januar 1888 mit Richard Wagners *Die Meistersinger von Nürnberg*, als erster Direktor wirkte der fast legendäre Angelo Neumann. Ein Jahr nach seinem Tod 1910 trat Alexander von Zemlinsky seine Nachfolge an, der Freund und Lehrer Arnold Schönbergs blieb bis 1927. Selten vergisst die Prag-Literatur anzumerken, wie tief Franz Werfel 1904 eine Rigoletto-Aufführung mit Enrico Caruso als Herzog beeindruckte. Der verschwenderische Gebrauch seines eigenen Tenors gehe darauf zurück, und wohl auch sein deklamatorischer Schwung beim Vortrag der eigenen Gedichte. Noch Werfels *Verdi*-Roman

(1924) zeugt von seiner Leidenschaft für die Oper, die meist in diesem Haus stattfand. Bei der Fixierung aufs Musikalische gerät leicht aus dem Blick, dass hier ebenfalls Sprechtheater gespielt wurde und sich auf diesen Brettern die Crème der deutschen Schauspielerzunft die Ehre gab. Welche Eindrücke die deutschprager Autoren dem Besuch des Theaters verdankten, lässt sich nur ahnen. Aber was Egon Erwin Kisch ihm verdankte, vergegenwärtigt sein Feuilleton *Theaterjubiläum* aufs Schönste. Der Artikel erschien zum 25-jährigen Bestehen des Hauses, Motto: »ein Jünglingsalter, mein Jünglingsalter«. Kisch zählt eben nicht die »Sternstunden« auf, sondern würdigt die tragende Rolle der Bühne in seiner eigenen Kindheit und Jugend. Und Kisch schreibt hier mit Herzblut (selbst wo er Gefahr läuft, anekdotisch zu überwürzen). Fast zwangsläufig führt diese Hommage zum melancholischen Seufzer ob der routinierten Beiläufigkeit, die Erwachsene Theater »konsumieren« lässt. Nur enden will Kisch dabei nicht: »Wenn ich manchmal zu dir in Erfüllung meiner Berufspflicht zu Gaste komme, du altes Neues Deutsches Theater, dann schweift mein Blick voll sehnsüchtigem Verlangen hinauf in die lichten Regionen, in denen ich als junger Bursch thronte, und inbrünstig grüße ich dich, Gefährte meiner Jugend!«

Die obere Neustadt und
Prag-Vinohrady

DAS NATIONALMUSEUM. Die monumentale Architektur schließt den Wenzelsplatz an seiner oberen Schmalseite ab und ist ein städtebaulicher Blickfang. Im Pantheon des Museums steht die bronzene Büste von Jan Neruda (s. S. 163 f.), sie steht dort auch für den hohen Rang der Literatur im Selbstverständnis der Nation. Das Gebäude entstand 1885–1890, aber die Institution des Museums und der Museumsgesellschaft reicht in den Anfang des Jahrhunderts zurück. Die adligen Förderer hofften da noch auf »ein Zusammenwachsen der Stämme Böhmens«, Sprach- und Literaturwissenschaftler erarbeiteten die Grundlagen für das moderne Tschechisch, sein rascher Aufschwung trug wesentlich zum Entstehen eines Nationalbewusstseins bei. Das Interesse der Gelehrten galt der ganzen Sprachfamilie, also den slawischen Völkern. Noch heute hat Johann Gottfried Herders berühmte Slawen-Passage aus den *Ideen zur Philosophie der Geschichte der Menschheit* (1791) einen Ehrenplatz im Museum. Er hatte die Friedfertigkeit als besonders wertvollen Zug des Volkscharakters herausgestellt, eine Friedfertigkeit, die ganz im Gegensatz zu der kriegerischen Mentalität ihres westlichen Nachbarvolks stehe: »So haben sich mehrere Nationen, am meisten aber die vom deutschen Stamme, an ihnen hart versündigt.« Künftig jedoch, »da es auch wohl nicht anders zu denken ist, als daß in Europa die Gesetzgebung und Politik immer mehr den stillen Fleiß und den ruhigen Verkehr der Völker

untereinander befördern müssen und befördern werden, so
werdet auch ihr so tief versunkene, einst fleißige und glückliche Völker [...] von euren Sklavenketten befreiet«. Wie
gesagt, diese schöne Gewissheit gilt für die Slawen insgesamt, doch fanden Herders Worte gerade in Böhmen ein
enormes Echo. Viele Meinungsführer im Vorfeld der nationalen Wiedergeburt teilten Herders Slawenbild, seien es nun
namhafte Gelehrte wie Josef Dobrovsky und Josef Jung-
mann oder Dichter wie Jan Kollár und František Ladislav
Čelakovský.

DER HANDSCHRIFTENSTREIT. Václav Hanka
(1791–1861) war eine europäische Berühmtheit. Als Entde-
cker (1817) der Königinhofer Handschrift hatte der Biblio-
thekar am Nationalmuseum großes Aufsehen erregt, Goethe
höchstselbst hatte das »Sträußchen« aus den alten Perga-
menten sehr frei übersetzt. Die Zeit nahm solche Art Ent-
deckungen dankbar auf. Gut ein halbes Jahrhundert zuvor
hatte der Schotte James Macpherson die Lieder des gäli-
schen Sängers Ossian (3. Jh.) veröffentlicht und ein be-
geistertes Echo auf dem Kontinent gefunden. 1817 nun hob
Václav Hanka die Königinhofer Handschrift ans Licht der
Öffentlichkeit, ein Pergament des 13. Jahrhunderts, das
eindrucksvoll für die Höhe der damaligen tschechischen Li-
teraturentwicklung sprach. Ein Jahr später legte der Biblio-
thekar nach: die jetzt entdeckte Grünberger Handschrift
konnte er sogar ins 9./10. Jahrhundert datieren und ihr den
wahrhaftig kulturträchtigen Titel *Libussas Gericht* geben. –
Nur waren diese Sprachdenkmäler ebenso Fälschungen
respektive Eigengewächse des Entdeckers wie damals die
Lieder Ossians. Schon früh kamen tschechischen Kennern
zumindest erhebliche Zweifel an der Echtheit dieser Handschriften. Aber sie wagten jedenfalls nicht laut genug, die

Authentizität der Poeme in Zweifel zu ziehen. Denn die waren zum Prestigeobjekt der ›nationalen Wiedergeburt‹ geworden und damit unantastbar. Noch 1858-1860 hatte Hanka gegen den *Tagesboten aus Böhmen*, genauer seinen Herausgeber David Kuh prozessiert. Kuhs Zeitung hatte Hanka rundheraus einen Fälscher genannt, noch Egon Erwin Kisch hat seine Recherchen über die gerichtsnotorische Auseinandersetzung in den Band *Die Abenteuer von Prag* aufgenommen. Erst 1881 konnte sich der renommierte Philologe Jan Gebauer mit seiner Einschätzung der Falsifikate öffentlich Gehör verschaffen, er fand 1887 die entschiedene Unterstützung von Tomáš G. Masaryk. Prompt geriet Masaryk, seit 1182 außerordentlicher Professor der Prager Universität, in den Verdacht eines ›deutschen Bildungsgangs‹ (das reichte zum Bezweifeln seiner Glaubwürdigkeit). Die Auseinandersetzungen um die Handschriften nahmen Ausmaße an, die aus heutiger Sicht nur noch Kopfschütteln auslösen, aber immerhin den Beweis liefern, dass selbst schwache Literatur sehr wohl gesellschaftlich wirken kann. Bis in die 1960er Jahre hinein fanden sich Verteidiger der ›Sprachdenkmäler‹. Sie Fälschungen zu nennen erforderte lange viel Mut, doch half dieser Mut der Wenigen, aus mancher Sackgasse ultranationaler Geschichtsschreibung herauszufinden.

WENZELSPLATZ UND WENZELSDENKMAL.

Als Kaiser Karl IV. um 1348 die Neustadt planen ließ, bestimmte er auch die – jedenfalls für spätmittelalterliche Verhältnisse – gewaltigen Ausmaße des Platzes. Schon von seinen Dimensionen her bot sich der ›Rossmarkt‹ als Zentrum für die großen politischen Kundgebungen an, spätestens mit der spektakulären Slawenmesse 1848 war diese Rolle festgelegt. Das Václavské náměstí ist, nicht zuletzt

Der Wenzelsplatz

wegen seiner Nähe zum Hauptbahnhof, das eigentliche Entree in die Stadt. Vom Hauptbahnhof kommt auch der Erzähler in *Ein Beethoven-Abend* des tschechischen Naturalisten Karel Matěj Čapek-Chod (1860–1927). »Als ich [...] den Wenzelsplatz erreichte, ging in abendlicher Herrlichkeit ein sonniger Oktobertag zuende. Der untere Bereich des Platzes lag in einen transparenten, absinthfarbenen Dunst getaucht, und ich, wie stets bei diesem Anblick, gab mich der Vorstellung hin, Prag wäre von Wassern überflutet, die bis zur Museumsrampe reichten.« Über diesem Prag ragt seit 1914 das monumentale Wenzel-Denkmal mit dem Reiterbild des gewappneten Heiligen von Josef Václav Myslbek. Das Monument wurde immer auch als politische Manifestation verstanden, wie im 1938 geschriebenen Gedicht von František Halas: »Das Bronzepferd das Pferd das Wenzel reitet / das bebte gestern nacht / Die Lanze wog der Herzog in der Hand«. Aber als höchst urbaner Platz ermöglicht er ebenfalls zufällig-folgenreiche Begegnungen. »Mein Vater sah meine Mutter zum ersten Mal an einem schönen Apriltag im Jahre 1913 oder 1914 früh um acht an der Ecke Stefansgasse/Wenzelsplatz und war ›gleich weg‹, wie er sagte.« Und Peter Demetz (*Prag in Schwarz und Gold*) lässt dieser Begegnung eine poetisch illuminierte Vergegenwärtigung der Vielvölkerstadt Prag am Ende der Habsburger-Monarchie folgen.

FRANZ KAFKA LIEST UND LEIDET. Zwei Kafka-Orte am Wenzelsplatz verdienen Erwähnung. Im Spiegelsaal des ›Europa‹ (damals noch ›Erzherzog Stephan‹), also dem heute berühmtesten Hotel der Metropole, hatte er einen seiner ganz wenigen öffentlichen Auftritte. Eingeladen von der ›Herder-Vereinigung‹ las er hier am 4. Dezember 1912 seine Erzählung *Das Urteil*. Die äußeren Bedingungen

waren nicht die besten, jedenfalls mussten sich die Vortragenden gegen Musik aus einem Nachbarraum durchsetzen. Dennoch schreibt Kafka an Felice Bauer mit Blick auf diesen Abend: »Ich lese nämlich höllisch gerne vor, in vorbereitete und aufmerksame Ohren zu brüllen, tut dem armen Herzen so wohl.« Ganz andere Gefühle verbindet der Dichter mit dem Gebäude ein paar Schritte den Wenzelsplatz hinunter. Dort, bei der international tätigen, privaten Versicherungsanstalt ›Assicurazioni Generali‹ (Nr. 19, Ecke Jindřišská), beginnt Anfang Oktober 1907 sein eigentliches Berufsleben. Schon am 15. Juli des nächsten Jahres verlässt Kafka die Gesellschaft so gut wie fluchtartig, er schützt gesundheitliche Probleme vor. Wie sehr ihm die wenigen Arbeitsmonate in die Knochen gefahren sein müssen, lässt noch 1912 eine Bemerkung gegenüber Felice erkennen: »Es gab da, in einem kleinen Gang, der zu meinem Bureau führte, in dem mich fast jeden Morgen eine Verzweiflung anfiel, die für einen stärkeren, konsequenteren Charakter als ich es bin überreichlich zu einem geradezu seligen Selbstmord genügt hätte.« Dabei hatte Kafka im Direktor dieser Prager Filiale einen Vorgesetzten, mit dem ihn literarische Interessen und fast eine Freundschaft verbanden.

DIE PRAGER PRESSE. In der Jungmannová 21 saß (anfangs) die Redaktion der *Prager Presse*. Ihr haftete das Etikett ›regierungsnah‹ wie ein Warnzeichen an. In der Tat ging ihre Gründung 1921 auf Masaryk zurück, sie vertrat die Politik der Regierung, genauer des Außenministeriums der Republik. Chefredakteur war seit ihrer Gründung Arne Laurin (eigentlich Arnošt Lustig, 1889–1945). Trotz aller Häme, die das Blatt ertragen musste, stand zumindest der Rang seines Feuilletons außer Zweifel. Verantwortlich dafür war Redaktionsleiter Otto Pick (1887–1940), der ebenfalls

zu den wichtigsten Mittlern zwischen der deutschen und tschechischen Literaturszene gehörte. Neben den Prager deutschen Autoren veröffentlichte in der *Prager Presse* die gesamte deutsche Literaturprominenz, mochte auch manchem die politische Ausrichtung dieser Tageszeitung suspekt sein. Den Kritikern schrieb Robert Musil ins Stammbuch, dass das Blatt »den besten Köpfen der deutschen Literatur in einer Zeit Hilfe bot, wo die deutschen Zeitungen wegen ihrer eigenen Sorgen ihre nichtredaktionellen Mitarbeiter bedenkenlos hungern ließen.«

ROBERT MUSIL UND DIE PRAGER PRESSE.
Die Beziehungen Robert Musils zur *Prager Presse* gehören zu den aufschlussreicheren Randkapiteln der Literaturgeschichte. Ihr Chefredakteur Arne Laurin und Musil kannten sich aus dem k. u. k. Kriegspressequartier, dem Robert Musil (1880–1942) als Hauptmann angehörte und in dem etwa auch Franz Werfel und der tschechische Dichter Fráňa Šrámek untergekommen waren. Seit 1919 arbeitete Musil intensiv am *Mann ohne Eigenschaften*. Die Einkünfte in harter tschechoslowakischer Valuta kamen ihm höchst gelegen, obwohl ihm die Tendenz des »Masaryk Organs« nie behagte. Vom März 1921 bis zum August 1922 war Musil Wiener Theaterkorrespondent der Zeitung, außerdem konnte er immer wieder kleine Feuilletons unterbringen. Nach einer Auseinandersetzung mit dem Verwaltungsrat wirkte er bis Jahresende für das Prager Konkurrenzblatt *Bohemia* in gleicher Mission. Später kam es dann erneut zu einer, allerdings sehr viel weniger verbindlichen Zusammenarbeit mit der *Prager Presse*, doch insgesamt hat Musil keiner Zeitung mehr Beiträge geliefert als ihr. Der Mann seines Vertrauens blieb Laurin. Der Chefredakteur konnte Anschreiben wie das vom 23. Juni 1923 ohne weiteres ein-

ordnen: »Zum Schluss – da ich wieder 6 Notizen beilege – mein tägliches Gebet: Herr! Wenn Du mich schon schreiben machst wie Marc Twain vom Melonenbaum und dem Gurkenstrauch, so verhindere wenigstens, dass von 3 Nummern der PP. mindestens 2 ohne diese herrlichen Beiträge erscheinen!«

MELCHIOR VISCHER, EIN DADAIST IN PRAG.

Sein bürgerlicher Name war Emil (Walter Kurt) Fischer (1895–1975). Der Sohn eines Apothekers aus Karlsbad kam 1918 als schwer verwundeter Leutnant in ein Lazarett nahe der Metropole und blieb nach seiner Gesundung in Prag. Seit dem Frühjahr 1921 arbeitete er als Redakteur für die *Prager Presse*, doch schon 1920 hatte er seine *Sekunde durch Hirn* veröffentlichen können. »Ich glaube damit den ersten deutschen dadaistischen Roman (wenn man überhaupt von dem blöden Wort ›Roman‹ sprechen kann) geschaffen zu haben«, schrieb er an Tristan Tzara, einem Leitwolf der Bewegung. Trotz seiner Vorbehalte gegen die Gattungsbezeichnung gab Vischer seinem Werk den Untertitel ›Ein unheimlich schnell rotierender Roman‹. Mit der Rotation wird natürlich auch auf die Zeitung als damals promptestes Medium angespielt; einem späteren Aufsatz gab er den programmatischen Titel *Bekenntnis zum Journalismus* und nannte den Journalisten »den Schriftsteller der Zukunft«. 1922 folgte die Erzählung *Der Hase*, beide Prosa-Arbeiten zählen zusammen mit dem *Teemeister* (1922 erschienen) zu seinen heute noch bekannteren, wiederaufgelegten Arbeiten. 1923 verließen Vischer und seine Frau die Moldaumetropole, es folgte ein ruheloses Schweifen in der reichsdeutschen Provinz. Bald endete Vischers produktivste Schaffensphase, in der auch mehrere Theaterstücke entstanden. Später verrät von seinen größeren Arbeiten nur noch

die Hus-Biographie (1938/40) literarische Qualitäten. Den Titel »dadaistisch« verdient eigentlich nur *Sekunde durch Hirn*. Die Zeiteinheit verdeutlicht die Weise der Fortbewegung: Jörg Schuh, Stuckateur, stürzt vom vierzigsten Stock in die Tiefe, übrigens entgegen den Prager Gepflogenheiten nicht aus einem Fenster, sondern von einem Baugerüst. Während des Sturzes wirbeln dem Stürzenden seine Lebensstationen durch den Kopf, ein professioneller Interpret kann kaum umhin, darin die Parodie eines Entwicklungsromans zu sehen. Die spätere Erzählung *Der Hase* hatte Vischer mit Widmung an Franz Kafka geschickt, nach längerem Schweigen schickte der Empfänger einen langen Brief. Er findet im Verlauf des Schreibens zu einer immer positiveren Sicht auf die Erzählung, allerdings gilt auch hier, dass ein Lob von Kafka stets die inverse Form der Kritik sein kann. Uneingeschränkte Anerkennung erhielt Vischer von Ernst Weiß. Um so trauriger stimmt das triste Leben des Autors besonders nach dem Zweiten Weltkrieg. Melchior Vischer starb unbekannt und völlig verarmt in Berlin-West.

LENKA REINEROVÁ UND DAS PRAGER LITERATURHAUS. Das Divadlo komedie, Jungmannova 1, dient dem ›Prager Literaturhaus‹ (vorläufig) als Hauptveranstaltungsort. Es geht auf eine Initiative der Prager deutschsprachigen Autorin Lenka Reinerová zurück. 1916 hier geboren, arbeitete sie schon mit 20 Jahren für die exilierte *Arbeiter-Illustrierte-Zeitung*, ihre Flucht 1939 führte sie bis nach Mexiko, wo sie ihrem Kollegen, väterlichen Freund und Landsmann Egon Erwin Kisch wieder begegnete. 1948 kehrte sie mit ihrem Mann in die tschechoslowakische Hauptstadt zurück. Dort geriet sie nur wenig später unter die Räder des stalinistischen Parteiapparats. 1964 rehabilitiert, erhielt sie schon wenige Jahre später erneut Schreib-

verbot, das mit dem Parteiausschluss einherging. Aber sie erlebte auch noch den Zusammenbruch der ČSSR und viele Auszeichnungen, unter denen die Ehrenbürgerschaft ihrer Heimatstadt Prag sicher nicht die geringste ist. Als letzte Kronzeugin der Prager deutschen Literatur beherrscht sie die Kunst des autobiographischen Erzählens souverän, und das auch heute noch im mündlichen Vortrag. Ihr Buch *Es begann in der Melantrichgasse* (1985, 2006) erinnert an die Autoren F. C. Weiskopf und, an ihn vor allem, Egon Erwin Kisch. Dabei vermeidet sie die antikommunistischen Pflichtübungen, nur wünscht sich der Leser zuletzt doch, dass sie den Erinnerten ein wenig mehr auf den Zahn gefühlt hätte. Aber wenn es darum geht, der deutschsprachigen Literatur in Prag wieder eine Heimstatt zu schaffen, dann ist Lenka Reinerová ist zweifellos die berufene Persönlichkeit.

TSCHECHISCHE AUTOREN SCHREIBEN AUF DEUTSCH. Ein reizvoller Seitenweg dieser Streifzüge kann ebenfalls vom Prager Literaturhaus seinen Ausgang nehmen: Tschechischsprachige Autoren, die heute auf deutsch veröffentlichen. Der große Förderer dieser Bewegung ist das Exil. Wenn das Exilland schon keine neue Heimat bietet, dann vielleicht doch eine neue Sprachheimat. Sie haben zum Beispiel einige Prager deutsche Autoren in den USA mit mehr oder weniger Erfolg zu finden versucht. Natürlich legt der Ehrgeiz, seine Literatur einer zunächst fremden Sprache anzuvertrauen, die Messlatte sehr hoch. Gleich von Beginn an veröffentlichte Libuše Moníková (1945–1998) auf deutsch, sie selbst betonte: »Ich war ja nie eine tschechische Autorin.« Nach ihrer Heirat mit einem (West-)Deutschen arbeitete sie hier als Hochschullehrerin und ging dann in den Schuldienst. 1981 erschien ihr erstes Buch, 1987 hatte sie

ihren größten Erfolg mit dem Roman *Die Fassade*, in dem es vordergründig um die Restaurierung eines böhmischen Barockschlosses geht. Das in zehn Sprachen übersetzte Werk ist eine Art Schelmenroman, reflexartig fühlte sich die Kritik an den Schweijk erinnert. Daran ist so viel richtig, dass Moníková von ihren Themen her eine eminent tschechische Autorin gewesen ist. Ihr letztes vollendetes Werk spielt im heimatlichen Prag nach der Wende. Arnold Schönbergs *Verklärte Nacht* gab den Titel, Leoš Janáčeks Oper *Věc Makropulos* (Die Sache Makropulos) das Leitmotiv. Leonora Marty, Tänzerin und Chefin einer Ballettgruppe, kehrt in die (gerade noch) tschechoslowakische Metropole der Nachwendezeit zurück und hat dort durchaus Orientierungsschwierigkeiten: »Ist das überhaupt noch mein Prag?« Überdies trifft sie auf die sanfte, aber hartnäckige Gegenwart ausgerechnet eines Sudetendeutschen. Sie wehrt sich zunächst gegen die Beziehung, die am Schluss des Romans aber einen Ausweg aus ihrer Starre und Isoliertheit andeutet, unter der die Icherzählerin leidet (wie die fast gleichnamige Heldin der Janáček-Oper durch ihre Verdammnis zum ewigen Leben). Dazwischen werden dem Leser viele Lektionen in tschechischer Geschichte erteilt, nicht immer widerstehen sie dem Sog der geläufigen Lesarten.

Ganz anders als Libuše Moníková sieht Jiří Gruša (*1938) seine Schriftstellerexistenz: »Ich bleibe ein tschechischer Autor, selbst wenn ich deutsch schreibe.« Der promovierte Literat, Mitunterzeichner der Charta 77, kam 1980 in die Bundesrepublik, erhielt wenig später die hiesige Staatsbürgerschaft, wurde nach 1989 Botschafter seines Landes in Bonn/Berlin und Wien (1998–2004). Seine Domäne ist die Lyrik, in seinen Dresdener Poetikvorlesungen schildert Gruša, wie er vom Tschechischen ins Deutsche »übersetzte«. »Eines Morgens – so pathetisch muss ich es hier formulie-

ren, da es auch so geschah – fand ich in meinem Heftchen sieben Zeilen, eingetragen im Halbschlaf, wie früher in den besten böhmischen Augenblicken.« Gruša ist ein Wortartist, ohne dass diese Geschicklichkeit Selbstzweck wird. Vollendet beherrscht er die hohe Kunst der semantischen Anspielung, nie jedoch führt das Spiel in die Beliebigkeit. Diese Freiheit zur Distanz »dass man sich selbst nicht so ernst nimmt«, sieht er auch als besonders belastbare Eigenschaft des tschechischen Nationalcharakters. Insgesamt ist Gruša ein Botschafter im besten Sinn des Wortes, einer nämlich, der nicht nur in die eine, sondern auch in die andere Richtung über- wie vermittelt. Und Lockerungsübungen, die er für das deutsch-tschechische Verhältnis vorschlägt, gewinnen unversehens eine europäische Perspektive.

LOUVRE UND UNIONKÁ. Die Národní třída als Gegenstück: Wie »der Graben« als Corso der Deutschen galt, galt diese Straße als Flaniermeile der anderen Nation. Ihre Nr. 18 beherbergte ein Café Louvre, das nach mancherlei Namenswechsel heute wieder so heißt. Obwohl hier meist Tschechen verkehrten, erkor es doch ein Kreis deutscher Intellektueller zu seinem Stammquartier. Der hatte sich den Ideen des abtrünnigen Priesters und seelenkundlich orientierten Philosophen Franz Brentano (1838–1917, Neffe von Dichter Clemens) verschrieben und legte offenbar auf seriöse Geistesarbeit einigen Wert. Kafkas enger Freund seit Schülertagen, sein Klassenkamerad und -primus Hugo Bergmann gehörte diesem Zirkel an, über ihn fand wohl auch Kafka selbst Kontakt zu den Prager Anhängern des Wiener Professors. Gegen Abweichler gingen sie einigermaßen rigoros vor: Als eine Prosaarbeit Max Brods kritische Distanz zum Leitstern der Gruppe erkennen ließ, zog das 1905 den Ausschluss des Verfassers nach sich.

Da pflegten die Künstler schräg gegenüber einen sehr viel ungezwungeneren Verkehr. Aber der Kavarna Union, liebevoll ›Unionka‹ genannt (Nr. 29, Ecke Na Perštýně), hat es nicht einmal etwas genutzt, dass der große Karel Čapek zu ihrer Rettung aufrief: Das berühmteste Kaffeehaus der tschechischen Avantgarde besteht nicht mehr. Was die Gäste der Unionka vielleicht um so mehr bewegt hat, im Nachhinein über die Gründe ihres enormen Rufs zu grübeln. Der Bühnenautor František Langer (s. S. 182) führt ihn vor allem auf die Kleinteiligkeit des Etablissements zurück, die vielen, aber eben überschaubar großen Räume hätten den Eindruck einer Wohnung begünstigt, also den Heimcharakter betont. Namentlich wer dann doch so etwas wie die Hausgeister zum Dichten brauchte, konnte sich hier aufgehoben fühlen. Natürlich gedenkt Langer des Oberkellners František Patera, »er war der gute Geist im Café Union«. Ebenfalls erinnert er sich, dass zunächst die Künstler diesem Kaffeehaus die Ehre gaben, erst danach seien die Schriftsteller gekommen. Doch ob für die einen oder die anderen, stets aber sei es Treffpunkt der »unruhigen jungen Herzen« gewesen. Nur lässt zumindest die schöne ›Silvestergeschichte‹ von Eduard Bass durchblicken, dass die etablierten Künstler sehr wohl hier einkehrten. Bei Bass verwechseln sich wechselseitig zwei brave Beamte mit erlauchten Angehörigen des Parnass, und als beide endlich (zu Silvester) ihren Irrtum erkennen, ist auch der Titel erklärt: *Wie der Herr Patera zu Neujahr zwei Stammgäste verlor.*

NACHT MIT HAMLET. Vladimír Holan (s. S. 154 f.) saß im ehemaligen Gartenhaus des Nostitz-Palais und hielt nur noch mit sich selbst oder dem Geist Josef Dobrovskýs Zwiesprache. Nicht einmal die Premiere seines Poems *Noc s Hamletem* (Nacht mit Hamlet) konnte ihn am 18. Novem-

ber 1963 aus seinen vier Wänden locken. Weit hätte er es nicht gehabt, zum Weinlokal ›Viola‹, Národní třída 7. Ohnehin bot diese Wirtschaft, wie Pavel Kohout festhält, manchem Dichter auch dann Zuflucht, wenn hier nichts Literarisches geboten wurde. Und die ›Nacht mit Hamlet‹ war bei weitem nicht ihr einziges Programm. »Das erste, was ich dort sah, was Karel Hynek Máchas ›Mai‹, dargeboten von Jiří Bednář und den Tschechischen Skiffles von Jiří Traxler«, erinnert sich Miroslav Horníček, selbst ein Akteur auf dieser »Minibühne«. Aber berühmt wurde die Weinstube wegen dieser einzigen ›Nacht‹, die so viele Male über das Publikum hereinbrach. Dabei ist der Austausch des Dichters mit Hamlet keineswegs leichte Kost und außerdem eine Art Selbstgespräch. Seine Perspektive ist düster, die Bilder oft schwer zugänglich. Aber der Inszenierung Vladimír Justls gelang es, die poetische Dichte des Werks zu vermitteln – nicht zuletzt dank eines Dialogs von Musik und Text. Zum 400. Geburtstag Shakespeares (1964) erschien dann die Buchausgabe. *Nacht mit Hamlet* wurde in elf Sprachen übersetzt, Reiner Kunzes Übertragung kam 1969 auf den (west)deutschen Markt. Auch für Kunze muss sie ein hartes Stück Arbeit gewesen sein, und nur wenige Leser haben ihm seine Mühe gelohnt.

NÁRODNÍ DIVADLO (NATIONALTHEATER).

›Die goldene Kapelle über der Moldau‹ heißt sein sprechendster Beiname, denn in der Tat gilt das Theater als eine Art Nationalheiligtum. Eröffnet wurde das Haus am 11. Juni 1881 mit Smetanas Oper *Libuše* (Libussa, s. S. 144 f.): ein Stoff wie geschaffen für die Nationsgesellschaft. Politisch besonders heikel und von keiner Sagenlesart gedeckt war die Vision der Libussa, in der sie die Unabhängigkeit des Landes voraussieht. Übrigens stammte das Libretto vom

deutsch-jüdischen Autor Josef Wenzig, Ervín Špindler übersetzte es dann ins Tschechische. Das prophetische Trostwort Libussas »Česty narod neskona …« heißt bei Wenzig: »Mein teures Böhmenvolk wird nicht vergehn / Aus Grabesnächten herrlich auferstehn.« Auf solchen Umwegen konnte die böhmische ›Konfliktgemeinschaft‹ doch noch zusammenfinden. Die städtebauliche Bedeutung der Neorenaissancearchitektur hebt Karel Čapek hervor, sein Gedenkartikel zur »fünfzigjährigen Wiederkehr der Grundsteinlegung« feiert nicht nur den Bau selbst: »Das Nationaltheater verwächst so glücklich mit seinem landschaftlichen Umfeld wie kein anderes Bauwerk in Prag. Sein Umfeld, das ist die lichte, sanfte Moldau mit ihren lieblichen Inseln, der luftige, helle Korridor des Moldau-Tales, auf der anderen Seite die grüne Welle des Petřín und der weite Hradschin. Es gibt keinen lyrischeren Ort in Prag.« 1921 kam hier Čapeks ›utopistisches Kollektivdrama‹ RUR. Rossum's Universal Robots zum ersten Mal auf die Bühne, es blickte ganz anders in die Zukunft als die mythische Seherin Libussa. Eine nordamerikanische Firma versorgt die Menschheit mit höchst leistungsfähigen Wesen, die ihr die Arbeit abnehmen sollen. Sie sind übrigens keine Automaten, also Maschinen, sondern werden auf biochemischem Wege hergestellt. Als diesen Wundern der Technik »aus humanitären Gründen« menschliche Gefühle implantiert werden, kehrt sich die Erfindung gegen ihre Erfinder: Die »Roboter« machen unserer ganzen Spezies den Garaus. Aber dann regt sich in den Menschenartigen doch die Liebe und macht Hoffnung, dass sie das bessere Erbe der Menschheit antreten. Das Stück wurde ein großer Theatererfolg. In mehr als dreißig Sprachen übersetzt, trug es zur weltweiten Verbreitung des Wortes Roboter bei. Es leitet sich vom tschechischen ›robota‹ her, das Fron- oder Zwangsarbeit bedeutet.

CAFÉ SLAVIA. Die eine Ecke zum Moldaukai besetzt das Nationaltheater, die andere das Café Slavia. Seine Berühmtheit verdankt es vor allem der Tatsache, dass seine Identität als Kaffeehaus und Künstlertreff gewahrt blieb. Es erreichte nie die Sagenumwobenheit der ›Unionka‹, aber doch genug, um von den Dichtern des ›Devětsil‹ besungen zu werden. Ausdauernd getan hat das der Literatur-Nobelpreisträger Jaroslav Seifert, sein Gedicht *Café Slavia* ehrt das Etablissement mit dem imaginierten Besuch Guillaume Apollinaires. »Von der Uferstraße durch eine Geheimtür / aus so klarem Glas, / dass sie fast unsichtbar ist, / und deren Angeln / geschmiert sind mit Rosenöl, / pflegte Guillaume Apollinaire einst einzutreten.« Neben dieser Hommage (eine von vielen auf den Dichterkollegen) hat Seifert aber noch einige handfestere Erinnerungen beizusteuern. Er spricht freilich vom »Qualm und Mief des alten Slavia«, und gibt damit ein realistisches Bild dieses Etablissements, das nichts von seiner heutigen Herausgeputztheit hatte. Als Fluchtperspektive dient es Ota Filip in seinem Roman *Café Slavia*, der auch den notorischen Oberkellner (hier heißt er Alois) kennt.

HAŠEK VOR DEM ŠVEJK. Jaroslav Hašek (1883–1923) wurde in der Školská 16 geboren (der Name bedeutet Schulstraße und leitet sich keineswegs vom schwedischen Skål her). Schon früh zeigte er wenig Neigung, den Erwartungen seines kleinbürgerlichen Elternhauses zu entsprechen. Er ging auf die Walz, suchte den Kontakt zur Prager Bohème. Seine besondere Sympathie galt den Anarchisten, wobei Hašek wenig Lust auf die theoretischen Schriften, dafür um so mehr am praktischen Aufbegehren zeigte. Ein ruhigeres Fahrwasser allerdings steuerte er hartnäckig an, den Hafen der Ehe. 1910 konnte er dann die wohlbehütete

Jarmila Mayerová heiraten, jahrelang hatten sich ihre Eltern gegen die Verbindung gewehrt. Ihr Vater hatte eine Art Bewährungsprobe gefordert und dem künftigen Schwiegersohn eine Festanstellung vermittelt. Hašek war jetzt Herausgeber der Zeitschrift *Svět zvířat* (Welt der Tiere), wenngleich ein schlecht bezahlter; zu seinen Obliegenheiten gehörte offenbar auch die Aufsicht über den Hundezwinger des Blattbesitzers. Dass er in seiner Position auch selbst zur Feder greifen musste, lag nahe. Lange hielt er die Zumutung einer seriösen Berichterstattung nicht aus. Mancher Artikel für die *Welt der Tiere* schoss weit über das Ziel der populärwissenschaftlichen Darbietung hinaus, sein Plauderton führte den Autor scheinbar unversehens ins Reich der Fabelwesen. Auch im Anzeigenteil annoncierte er schon mal ein Paar »reinrassige Werwölfe«, nur erwarteten die Leser seiner Zeitschrift solche Angebote nicht. Hašek wurde schnöde entlassen. Er brachte sich als Hundesammler durch, verpasste den von der Straße weg gefangenen Tieren noble Stammbäume zum Zweck des besseren Verkaufs. Seine Versuche, bei den Blättern *České slovo* oder *Právo lido* zu reüssieren, scheiterten ebenfalls. Die Folge: Bereits 1911 wurde seine Frau wieder in den Schoß ihrer Familie zurückbeordert. Viel Aufsehen erregte während dieser Zeit seine ›Partei für gemäßigten Fortschritt in den Schranken der Gesetze‹. Sie bot ihm Gelegenheit, die Wahlprozedur selbst und die schon damals haltlosen Versprechungen der Bewerber ad absurdum zu führen. Freund František Langer erinnert sich: »Die Kandidatenreden Hašeks waren das umfangreichste und einheitlichste Werk vor dem ›Švejk‹ und standen seinem übrigen Lebenswerk durchaus nicht nach.« Nur belustigt nahmen die Teilnehmer zur Kenntnis, dass bei Hašeks Polittheater reichlich Alkohol im Spiel war. Die Geschichte seiner Partei sollte auch als Buch erscheinen,

fand aber keinen Verleger. Etwa 800 Skizzen und Kurz-
geschichten des Autors sind aus der Zeit vor dem Ersten
Weltkrieg bekannt, harmlose Humoresken oft, etliche nicht
ohne satirische Schärfe. Immer aber sind sie provokativ
kunstlos, verweigern sich jeder ästhetischen Pose. Der Krieg
und die Geschehnisse danach sollten Hašeks Lebenslauf
jenen Drall geben, der zum Entstehen des *Švejk* führte.

HAŠEK KEHRT ZURÜCK. »»Bis der Krieg vorbei
sein wird, so komm mich besuchen. Du findest mich jeden
Abend ab sechs Uhr, beim Kelch, Na bojišti.‹« Die Ortsbe-
zeichnung lässt an Genauigkeit nichts zu wünschen übrig.
Und wahrscheinlich müssten die heutigen Betreiber von ›U
kalicha‹ mit dem Klammerbeutel gepudert sein, wenn sie
die literarische Prominenz ihrer Gaststätte nicht weidlich
ausschlachteten. Denn ihr Lokal liegt in einem Stadtviertel,
wohin sich die Prager Touristenströme bestenfalls als Rinn-
sal verlaufen. Mit dem Krieg meint Švejk den Ersten Weltkrieg, an dessen galizische Front sein Schöpfer Anfang 1915
kommandiert wurde. Hier lässt er sich rasch von den Russen gefangen nehmen und schließt sich bald der Tschechoslowakischen Legion an. Mit ihr kämpft Hašek nun gegen
Österreich-Ungarn, doch kehrt er der Legion schon nach
zwei Jahren wieder den Rücken und wird allen Ernstes eine
Art Politkommissar der Roten Armee. 1920 beordert die
III. Internationale den verdienten Genossen in die tschechoslowakische Republik zurück, er soll dort den Aufbau einer
kommunistischen Partei vorantreiben. Die Heimat nimmt
ihn kaum mit offenen Armen auf, die ehemaligen Legionäre
verübeln ihm den Wechsel zur Roten Armee. Vorher hatte er
zum zweiten Mal geheiratet, obwohl seine erste Ehe ja noch
weiter bestand, der politisch Abtrünnige sieht sich auch
noch dem Vorwurf der Bigamie ausgesetzt. Doch auch sonst

Jaroslav Hašek, um 1905

zeigt Hašek keineswegs die Disziplin, die ein Parteikader verinnerlicht haben muss. Vielmehr nimmt er seine Vorkriegssumpferei sofort wieder auf, als wäre nichts gewesen. Sein Lebensmittelpunkt bleibt die Kneipe. Als er sich 1921 aufs Land zurückzieht, gelingt vielleicht der Geselligkeitsentzug, seine massiven Alkoholprobleme bleiben. Schon Anfang Januar 1923 stirbt Hašek – an einer Lungenentzündung. »Die Lokalreporter haben ihn gestern begraben. Die Literaturkritik hat ihm kein Wort geweiht, denn er war kein seriöser Mensch. Bei Gott, das war er nicht!« begann Egon Erwin Kisch seinen Nachruf auf den Kollegen.

DIE ABENTEUER DES BRAVEN SOLDATEN ŠVEJK.

Es gibt prominente Beispiele dafür, dass sich Romane der Moderne trotz ihrer Unvollendetheit durchgesetzt haben. Unvollendet blieben auch *Die Abenteuer des braven Soldaten Švejk* und der Autor hatte nach den Auskünften der Freunde keinen blassen Schimmer, wie er zum Schluss kommen wollte. Karel Vaňek, Redakteur bei *Rude pravo*, hat es versucht, aber niemanden damit überzeugt. Ein Schluss wäre sozusagen wider die Natur des hašek'schen Erzählens, oft erscheinen die Szenen, Gespräche und Švejks weitgespannte Betrachtungen wie montiert. Hašek gab oft nur Tagesrationen seines Roman an den Drucker, lebte mit seinen Fortsetzungen von der Hand in den Mund. Schon die Aufmachung als Heftchen war nicht dazu angetan, eine Kulturnation zu überzeugen; viele einflussreiche Größen des Geisteslebens sprachen dem *Švejk* das literarische Format entschieden ab. Dafür ist er bis heute das meistübersetzte Werk des tschechischen Schrifttums (in über 50 Sprachen), und die Titelfigur muss herhalten, wo immer ein eiliger Schreiber den tschechischen ›Nationalcharakter‹ umreißen will. Doch zweifellos reicht dieser Švejk weit über den

Tellerrand der hohen Literatur. An seiner Subversion beißen sich die Vertreter der Staatsmacht die Zähne aus. Denn seine Waffe ist nicht die Auflehnung, sondern der patriotische Übereifer. Der Autor vermeidet dabei die Festlegung, ob seine Figur so dumm ist, wie sie tut, oder so überlegen listig, wie die meisten Leser gerne glauben möchten. Jedenfalls kann er seinen Kopf stets aus der Schlinge ziehen, er zeigt viel Zähigkeit beim Überleben. Seine wunderbaren Suaden bringen das Disparateste zusammen, um unversehens mit dem gewagten Vergleich zwischen einem Straßenköter und einem Erzherzog zu enden. Sonst bleibt dieser brave Soldat recht undurchsichtig, nicht einmal sein Alter wird preisgegeben. Aber er ist ein Spiegel des alten Österreich-Ungarn. Seine Repräsentanten, vor allem seine Militärs, kommen in diesem Abbild erbärmlich schlecht weg. Noch heute taugt der *Švejk* als Gegengift für politische Schwärmereien, die im alten Österreich einen Vorläufer des neuen Europa sehen wollen. Die zeitgenössische Kritik reagierte wie gesagt oft indigniert, wusste mit der hohen Kunstlosigkeit des Werks nichts anzufangen. Es war einmal mehr Max Brod, der früh, noch zu Lebzeiten des Autors, die ungewöhnlichen Qualitäten der »Heftchen« erkannte. Zusammen mit Hans Reimann schuf er eine deutsche, dramatisierte Fassung, die Erwin Piscator und Bertolt Brecht Januar 1928 für die Piscatorbühne überarbeiteten. Der Erfolg dieser Aufführung (den Švejk spielte der grandiose Max Pallenberg) und die deutsche Übersetzung des Romans von Lene Reiner haben ihren Teil zum Aufstieg des Švejk in die Weltliteratur beigetragen. Die interessanteste Verfilmung ist die tschechische Trick- und Puppenversion von Jiří Trnka, der Titelfigur lieh Jan Werich (s. S. 154) seine Stimme. Zahlreiche weniger anspruchsvolle Adaptionen für Bühne und Film gibt es, unmittelbar in der Nachfolge des

Romans steht Bertolt Brechts *Schweyk im zweiten Welt-krieg* (1943/44), das Stück wurde allerdings erst nach dem Tod des Autors und auf polnisch uraufgeführt. Genuine Nachfolger des Svejk sind die »Bafler« Bohumil Hrabals. Nur eben vor der reflexartigen Verwendung des Adjektivs švejkisch für alles ›typisch Tschechische‹ sei ausdrücklich gewarnt.

HOMMAGEN FÜR ANTONÍN DVOŘÁK.

Das Museum für den großen Komponisten hat in der Villa Amerika eine würdige Bleibe gefunden. Dass dieses barocke Lustschlösschen ganz in der Nähe vom ›Kelch‹ und damit einer ganz anderen Sphäre liegt, macht den Reiz einer Prager Stadtwanderung aus. Nur ließe sich fragen, was die Gedenkstätte für einen Tonschöpfer auf literarischen Streifzügen zu suchen habe, wenn nicht der Umweg über die Opernlibretti genommen werden soll. Doch hat eine solche Lichtgestalt wie Antonín Dvořák auch das Interesse der Poeten geweckt. Josef Škvorecký (geb. 1924) hat sogar mit *Scherzo capriccioso* (1984) einen Roman über das Leben des Komponisten geschrieben, einen Roman allerdings, der mit dem biographischen Material recht unbekümmert umgeht. Der deutschprager Gynäkologe und Lyriker Hugo Salus (1866–1929) hat Dvořák in dessen Todesjahr 1904 einige seiner schönsten Verse gewidmet: »Auf dem Kopf einen Glanzhut, geht er einher, / als wenn er ein rechter Philister wär / und wer ihn so sieht unter all den Leuten, / Dem wird er wohl kaum was Besondres bedeuten. / Nur freilich, reißt er den Hut von der Stirne, / dann merkst du: die Stirn gehört einem Hirne, / das ist fürwahr nicht die Stirn eines Krämers / oder gewesenen Steuereinnehmers!« Ein äußerst melancholisches Gedicht überschreibt Louis Fürnberg (1909–1957) *Antonín Dvořák, Sonatine Op. 100*. Sein lyrisches Ich

überfällt bei diesem Stück für Geige und Klavier die Erinnerung an seine Jugendzeit: »über die böhmischen Teiche / zog der Wind der Prärie / [...] schmauchten im Wigwam Pfeifchen, / hielten Palaver dazu, / – ach, wie erkenn ich dich wieder, Antonín Winnetou!« Fürnberg, unter anderem Schöpfer der sterblichen Verse »Die Partei, die Partei, / die hat immer recht« und ein stets linientreuer Kommunist, gehörte zu einer ganz eigenen Spezies von Heimatvertriebenen. Er musste während der 1950er Jahre die Tschechoslowakei in Richtung DDR verlassen. Wie schwer ihm dieser systemimmanente Wechsel gefallen ist, davon legt sein Gedicht *Abschied von Prag* bewegendes Zeugnis ab. »Weiß Gott, du gehst nicht gern auf immer fort, / du liebtest jedes Fleckchen Erde hier, / du liebtest Prag, und Prag, es schenkte dir / mehr als die Kraft zum Träumen und zum Wort.«

DEVĚTSIL UND DER POETISMUS. Im Zusammenhang mit Avantgarde-Literatur ist ›Devětsil‹ ein eigentümlicher Name, so eigentümlich, dass er sich nach Auskunft mancher Beteiligter einem blinden Stechen ins Wörterbuch verdanken soll. Wie dem auch sei, er bezeichnet ein häufiges Gewächs, das im Deutschen Pestwurz heißt. Ältere Lexika übersetzen ›Devětsil‹ manchmal mit Neunkraft, der Volksname stellt die Heilwirkungen der Pflanze heraus. Auch hierzulande genoss die Pestwurz als Arzneikraut ein hohes Ansehen, nach der fürchterlichsten aller Krankheiten hieß dieser Korbblütler eben darum, weil er ihr Einhalt gebieten sollte. Allerdings haben die Volkskundler weiterhin erwogen, ob der Name nicht doch als Schmähwort zu verstehen sei. Schließlich wächst, besser wuchert die Pflanze gern in den feuchten (Weide-)Gründen und lässt sich dort nur schwer ausrotten ...

Jaroslav Seifert erinnert sich, Karel Teige habe den Namen

›Devětsil‹ aus dem Buch *Rübezahls Gärten* der Brüder Čapek gefischt. Am 5. Oktober 1920 gründeten Prags junge Wilde den Bund, ausdrücklich sollte er die Grenzen der Kunstgattungen übergreifen. Dichter, Architekten, Maler, Musiker, Theater- und Filmregisseure schlossen sich im ›Devětsil‹ zusammen, später waren sie fast alle Anhänger oder doch Sympathisanten der 1921 gegründeten Kommunistischen Partei. Die Kommunisten erreichten in der rasch gewachsenen tschechoslowakischen Hauptstadt beachtliche Stimmanteile. Insbesondere boten die oft unerträglichen Wohnverhältnisse in den Arbeitervierteln ihrer Agitation eine offene Flanke.

Mindestens waren die Devětsil-Leute schwärmerische Befürworter der Russischen Revolution. Nun mochte sich ihr klassenkämpferisches Pathos mit den Dichtungen Vladimir Majakovskijs ohne weiteres vertragen, aber kaum mit irgendeiner Spielart des realen Sozialismus. Schwer fiel eine Verständigung auf die Doktrinen der proletarischen Kunst, des Öfteren ereigneten sich spektakulär inszenierte Austritte wegen Abweichens vom Klassenstandpunkt. Für ein Avantgardeunternehmen verfügte der Bund immerhin über sehr feste Strukturen. Sogar nummerierte Mitgliedsausweise gab es.

Karel Čapek stand bei der Gründung auch insofern Pate, als er den Autoren des Devětsil die Moderne erschlossen hat. Und dies gar nicht einmal durch eigene Werke, sondern durch seine Übersetzungen, die er 1920 im Band *Die französische Dichtung der Moderne* zusammengefasst hatte. Der Blick nach Frankreich ging vor allem auf Guillaume Apollinaire. Sein Poem *Zone* war wohl bereits 1902 bei seinem Prager Aufenthalt (s. S. 35 f.) oder nur kurz danach entstanden, Prager Realien blieben erkennbar. Folgerichtig beginnt eines der zentralen Devětsil-Werke, Jaroslav Seiferts *Auf den*

Wellen von TSF (1925, deutsch 1985), mit einem Gedicht auf Apollinaire. Er war Leitstern der Gruppe.

Schon Apollinaire – er besaß übrigens erst seit 1916 die französische Staatsbürgerschaft – hatte seine Verse vom Korsett der Satzzeichen befreit. Fast überflüssig hinzuzufügen, dass es ihm die Dichter des Devětsil darin gleichtaten. Es war eine erste Befreiung, an deren Ende die Befreiung der Kunst von ihr selbst stehen sollte. Zunächst ging es nur um das Niederreißen der Gattungsgrenzen. Über die Sparten hinweg verabredeten die Künstler gemeinsame Projekte, wenn sie nicht selbst ausgesprochene Doppel- oder Dreifachbegabungen waren. Zu den interessantesten gehörte Adolf Hoffmeister (1902–1973), der als Zeichner und Graphiker ebenso wie als Autor von sich reden machte.

Den kühnsten Bogen schlug zweifellos Karel Teige. Ursprünglich Architekt, war er ebenfalls Maler und Graphiker, zum Beispiel gestaltete er Seiferts schon erwähntes Buch *Auf den Wellen von TSF*. Als Karel Konrád den ›S. M. K. Devětsil‹ als eine imaginäre Profifußballelf aufstellte, sah er in Teige den »Mittelläufer«: »Dieses As […] ist das Rückgrat der gesamten Mannschaft. Er ist überall; läuft jedem Ball hinterher, […] ständig ist er anspielbereit. […] Fair play, ständige Ballkontrolle, wissenschaftliche Taktik und Sinn fürs Zusammenspiel machen aus Teige den populärsten Spieler. Zu Recht.« Tatsächlich war Teige theoretisches Haupt der Gruppe, gegen dessen Ansichten kaum je Widerspruch laut wurde. Er urteilte ab und sprach zu, er formulierte die Manifeste. »Und wenn man dieser Generation in der Kunstgeschichte irgendeinen Namen geben soll, glauben Sie mir, es war – nach meiner Ansicht – die Generation Teiges« (Jaroslav Seifert).

Karel Teige kreierte auch den Poetismus. Eine Miturheberschaft machte Vítězslav Nezval geltend, bei einem Gang

durch Prag hätten sie beide die »Atmosphäre von Glück gespürt, beglaubigt von den Gerüchen des Frühlings, von den Sternen, dem Rosenkranz der Straßenlaternen, den kotzenden Betrunkenen« usw. Teige formuliert weniger anschaulich: »Die Kunst, die der Poetismus bringt, ist leger, ausgelassen, fantastisch, verspielt, unheroisch und erotisch.« Das klingt immer noch nicht unbedingt nach einem verbindlichen Programm. Aber wer wie der Poetismus eine Kunst der Freude und des sinnlichen Genusses propagiert, kann der Überanstrengung des Begriffs leicht entsagen. Und diese Kunst sollte sich nur als Vorläuferin verstehen, als Künderin einer Neuen Welt, die eine poetische Welt sein würde, aller Gewöhnlichkeit und Erdenschwere ledig. Insofern verkündete der Poetismus tatsächlich die Weltrevolution. Nun könne die Kunst endlich im Leben aufgehen oder eben, mit den Worten Teiges: »Die neue Kunst hört auf Kunst zu sein.«

Der Poetismus lieferte einen – viele sagen den einzigen – wirklich originären Beitrag der tschechischen Literatur zur Moderne. Leider äußerte sich der meist in Versen und erschloss sich so den Angehörigen fremder Sprachkreise kaum. Übrigens fand die rauschhafte Feier des Lebens auch im eigenen Land weniger Anhang, als die Trunkenen selbst glauben wollten oder glauben machten. Avantgarde blieb Avantgarde, und nicht wenige Parteigenossen konnten darin bestenfalls jenen Linksradikalismus sehen, den Lenin eine »Kinderkrankheit des Kommunismus« genannt hatte. Die Sprachbarriere, bei deren Überwindung sich die Lyrik so schwer tut, entfällt für die Maler. Und wer nach dem Devětsil fragt, darf eben nicht nur nach den Dichtern fragen. Auch für die Künstler der Gruppe galt eine Schrift Guillaume Apollinaires als wegweisend, *Die Kubistischen Maler* von 1913. Aber die Prager adaptierten ebenso diverse

andere Ismen. 1921 stellte Emilio Filippo Marinetti, der später dem italienischen Faschismus huldigte, in Prag sein Programm des Futurismus vor; es sollte die Bekenner einer proletarischen Kunst nachhaltig verunsichern. Wie selbstverständlich vereinnahmte die neue Richtung die neuen Medien, ihre Begeisterung für die fortschrittliche Technik galt insbesondere dem Kino.

Der Devětsil war eine durchaus uneinheitliche Vereinigung, aber sie hatte immerhin bis 1931 Bestand, und das kann in dieser Aufbruchszeit als ordentliche Spanne gelten. Vladislav Vančura gab den 1. Vorsitzenden, zu den Gründungsmitgliedern gehörte der deutschprager Autor F. C. Weiskopf. Ebenfalls Aufnahme fand Egon Erwin Kisch, sein Verständnis der Reportage als Kunstform fand den Beifall der Gruppe.

Anfang der 1930er Jahre mündete die Bewegung in den Surrealismus, es kam zu einem engen Schulterschluss mit den französischen »Genossen«. André Breton war damals häufiger in Prag. Er prägte das Schlagwort von der »magischen Hauptstadt des alten Europa«, das später – verkürzt um das Beiwort alt – zur Leimrute für die Nostalgiker werden sollte.

NEZVAL. Vítězslav Nezval (1900–1958) war ein Phänomen. Seine Bedeutung als Lyriker wurde nie im Ernst bestritten, nicht einmal sein Stalin-Poem (1948) konnte daran etwas ändern. Mehr noch als Seifert stand er für den Devětsil, das *Manifest poetismu* schrieb Nezval 1927/28 zusammen mit Karel Teige. 1924 wurde er Mitglied der Kommunistischen Partei, zur gleichen Zeit arbeitete an *Masaryks wissenschaftlichem Wörterbuch* mit, einem quasi offiziellen Projekt der Republik. Beim Machtkampf in seiner Partei 1929 stand er auf Seiten der Bolschewiken, gegen

die Übernahme der Kunst durch den sozialistischen Realismus meldete er allerdings Vorbehalte an. Dass Nezval sonst im Fahrwasser der Dogmatiker segelte, erstaunt, denn die Lust an der Provokation ist Kraftquelle seines Vitalismus. Aber dieser ewige Junge, übrigens auch in seiner Mutterbindung, hatte eine große Begabung fürs formale Experiment, das die Gattung Lyrik wie keine andere ermöglicht. Er betrieb wesentlich die Allianz mit den französischen Surrealisten, die Prager Gruppe bestand allerdings nur einige Jahre. Immer neu jedoch erliegt Nezval dem Zauber Prags. Der Avantgardist als Heimatdichter: *Praha s prsty deště* (Prag mit den Fingern des Regens, 1935) *Pražský chodec* (Prager Passant, 1938 – wohl in Anspielung auf Apollinaires *Der Passant von Prag*) heißen zwei seiner Lyrikbände. Aus *Prag mit den Fingern des Regens* stammt sein wohl bekanntestes Gedicht *Stadt der Türme*, das dieser Band im Vorwort zitiert. Bis zu seinem frühen Tod geriet er nicht mit der Staatsmacht in Konflikt, hoch geehrt starb Nezval als Staats- und Friedenspreisträger. Die Qualität seiner Arbeiten forderte die Übersetzer (nicht nur der DDR) heraus, obgleich sie wussten, dass Nezvals Poesie in anderen Sprachen allenfalls ein ehrenvolles Scheitern gestattete.

DIE GROSSMUTTER ALS BEISPIEL. »Ich kenne (bei meiner geringen Kenntnis) im Tschechischen nur eine Sprachmusik, die der Božena Němcová«, schreibt Franz Kafka an Milena Jesenská zu Beginn ihres Briefwechsels. Er ging auf Nummer sicher. Noch wer heute mit tschechischer Literatur auch nur flüchtig in Berührung kommt, gerät doch an Božena Němcová (1820–1862). Dabei war es der ›natürlichen Tochter‹ einer tschechischen Magd und eines deutschen Kutschers keineswegs an der Wiege gesungen, dass sie einmal die populärste Dichterin der Nation werden

sollte. Angesichts ihres Lebenswegs wiegt ihre Lebensleistung um so schwerer: Sie besuchte lediglich eine Elementarschule, heiratete schon mit 17 einen 15 Jahre älteren Mann und wurde in rascher Folge Mutter von fünf Kindern. Sie führte eine höchst unglückliche Ehe, litt unter bitterster Armut und war zeitlebens kränklich bis schwer krank. So hat die Biographie der Němcová durchaus heroische Züge. Ihr Mann, der Finanzbeamte Josef Němec, war ein tschechischer Patriot, dem die Staatsorgane Leben und berufliches Fortkommen so schwer wie möglich machten. Zuletzt kreideten sie ihm sogar die Autorentätigkeit seiner Gattin an. Dass eine Frau dieser ohnehin suspekten Profession nachging (und dann auch noch in tschechischer Sprache veröffentlichte), galt den Vertretern des Neoabsolutismus als besonders dreiste Auflehnung gegen die gottgewollte Ordnung. Ganz provokant wider den Stachel löckte ihr Eintreten für die freie Liebe in Theorie und eigener Praxis, wovon sich auch deutsche Leser dank der gerade herausgekommenen Briefsammlung überzeugen können. Ihr bekanntestes Werk trägt allerdings den vergleichsweise traulichen Titel *Babička* (1855). Als *Die Großmutter* oder *Großmütterchen* war es auf dem deutschen Markt immer präsent und wurde überhaupt von allen tschechischen Dichtungen am häufigsten übersetzt. *Babička* trägt autobiographische Züge, die Titelfigur ist wirklich eine Volks-Heldin von großer Herzensbildung, -weisheit und -güte. Manche Kritiker wollten bei der Autorin einen Hang zum Biedermeier sehen, zur verklärten, pastoralen Idylle, wie ihr Hauptwerk hierzulande durchgängig als ›Heimatroman‹ annonciert wurde. Aber darüber geht die *Babička* weit hinaus, sie hat passagenweise geradezu den Charakter eines volkskundlichen Exkurses. Und wenn Němcová das Landleben feiert, zehrt sie nicht einfach vom Rousseau'schen Erbe, sondern hat eine

politische Absicht. Nur auf dem Land, nur bei den einfachen Leuten finde sich noch das unverfälschte Tschechentum, die Sitten der Stadtbevölkerung seien verdorben, nicht zuletzt durch den Einfluss der deutschen Oberschicht. Doch drängt sich diese Botschaft nie wirklich zwischen Werk und Leser.

DIE BÜHNE IM EXPRESSIONISMUS. Auch Paul Kornfeld (1889–1942) hatte einen erfolgreichen jüdischen Unternehmer zum Vater, auch er verließ Prag früh (1914), um die reichsdeutschen Theater zu erobern. Wie sein Prager Klassenkamerad Franz Werfel als Lyriker das Banner des Expressionismus trug, so Kornfeld als Dramatiker. Sein Aufsatz *Der beseelte und der psychologische Mensch* (1918) ähnelt partienweise einem Manifest, ist jedenfalls eine Art Programmschrift der Richtung. Sein Erstling *Die Verführung* (schon 1913 geschrieben) wurde 1917 in Frankfurt am Main uraufgeführt, sein damals meistgefeiertes Stück *Himmel und Hölle* 1920 in Berlin. Beides sind Tragödien, wobei *Himmel und Hölle* Züge eines Mysterienspiels hat. Gerade sein werfelgleiches ›O Mensch!‹-Pathos steht derart quer zu heutigen Seh-, Hör- und Lesegewohnheiten, dass sich die Erfolge dieses Autors nur schwer nachvollziehen lassen. Dem späteren Komödienschreiber Kornfeld blieb das Theaterglück nicht treu, erst seine Tragödie *Jud Süß* mit dem Prager Klassenkameraden Ernst Deutsch in der Titelrolle erlebte 1931 eine vielbeachtete Uraufführung. Der historische Joseph Oppenheimer (1698/99–1738), Finanzier des Württembergischen Herzogs Karl Alexander, ist hier ein Mensch, der um jeden Preis dazugehören möchte, dem aber zuletzt alle Anpassungsbemühungen doch mit dem Strick des Henkers vergolten werden.

PAUL KORNFELDS LETZTES WERK. Er war –
im Dezember 1932 – nur gekommen, um an der Feier zum
80. Geburtstag seines Vaters teilzunehmen. Kornfelds Entschluss, Prag vorläufig nicht zu verlassen, wurde durch eine
großzügige Geste seines Verlegers Ernst Rowohlt bestärkt.
Obwohl er bisher nur als Dramatiker hervorgetreten war,
hatte ihm Rowohlt materielle Unterstützung zugesagt,
damit er seinen Roman *Blanche oder das Atelier im Garten*
schreiben konnte. Gute acht Prager Jahre arbeitete er an
dem 669-Seiten-Werk. Seine Familie drängte ihn zur Ausreise, die ihm ein englisches Visum ermöglicht hätte, das er
im Gegensatz zu so vielen anderen besaß. Paul Kornfeld
ging nicht, wurde 1941 deportiert und starb 1942 im KZ
Lodz an Typhus. Das Manuskript seines Romans übergab
eine Tschechin nach Kriegsende an Kornfelds Familie in
London, kürzlich wurde *Blanche oder das Atelier im Garten*
neu aufgelegt und von der Kritik als Entdeckung gefeiert.
Ein Gartenhaus ist das Refugium von Blanche Riedinger,
einer nur mäßig begabten Malerin. Sie geht in den Tod, als
ihr dieser Lebensmittelpunkt genommen wird. Um sie
herum versammelt der Autor ein gut- bis großbürgerliches
Personal, das Prager Verhältnisse widerspiegelt, obwohl der
Autor Darmstadt zum Ort der Handlung erklärt. Diese
durch den Ersten Weltkrieg erschütterte Gesellschaft ist bis
auf wenige Ausnahmen eine »seelenlose«. Das wird vor
allem an Blanches Bewerbern deutlich, die der gefühlstiefen
Frau mit völligem Unverständnis begegnen. Der Roman
verrät in den Dialogpartien einen gewieften Dramatiker,
zeigt aber auch einen genauen, sensiblen Erzähler. Expres-
sionistischer Bombast fehlt völlig, nur gelegentlich stören
sprachliche Klischees. Die spekulative Frage sei erlaubt, welche Entwicklung der Romanautor Kornfeld nach diesem
Anfang noch hätte nehmen können. Wäre er nicht von der

Gestapo in einer Pension des Prager Stadtteils Vinohrady entdeckt worden.

ERNST WEISS UND PRAG. In Prag bejubelt, in Wien durchgefallen. Das erinnert an die gegensätzliche Aufnahme von Wolfgang Amadeus Mozarts Oper *Figaro*, meint hier jedoch das Drama *Tanja* von Ernst Weiß (1882–1940). Auch er ist ein Beispiel dafür, wie die Moldaumetropole selbst Autoren gefangen hält, die sich nur sporadisch hier aufhielten. Der gebürtige Brünner Weiß kommt 1902 nach Prag, um Medizin zu studieren. Aber er bleibt nur ein Jahr und setzt dann seine Ausbildung in Wien fort. Als Arzt arbeitet er zunächst an Berner und Berliner Kliniken, 1911 geht er wieder nach Wien. 1913 erscheint sein erster Roman *Die Galeere*, im gleichen Jahr macht er die Bekanntschaft Franz Kafkas. »Jude von der Art, die dem Typus des westeuropäischen Juden am nächsten ist und dem man sich deshalb gleich nahe fühlt«, notiert der in seinem Tagebuch. Ihre zunächst enge Freundschaft kühlt später merklich ab. 1919 kommt Weiß dann nicht nur besuchsweise nach Prag, sondern bleibt für längere Zeit in der nun tschechoslowakischen Hauptstadt. Am Anfang steht ein Triumph, die schon erwähnte Uraufführung seines Dramas *Tanja*. Sie wird von der örtlichen Presse hoch gelobt, eigens herausgehoben wird seine Freundin Rahel Sanzara wegen ihrer überragenden Gestaltung der Hauptrolle. (In Wien und in anderer Besetzung scheitert das Stück.) Zunächst übt Weiß noch am Allgemeinen Krankenhaus (Prag-Neustadt, Karlsplatz) seinen Beruf aus, doch 1920 entscheidet er sich für die Existenz eines freien Schriftstellers. Der hat die Eigenart, schon veröffentlichte Werke immer neu zu überarbeiten, so kommt sein Buch *Der Kampf* (1916, noch zusammen mit Kafka korrigiert) jetzt unter dem Titel *Franziska* (1919) heraus, um

1926 noch einmal stark verändert zu erscheinen. Schauplätze dieses Romans sind Berlin und Prag, die Titelfigur ist eine Frau, die sich für eine Karriere als Pianistin und gegen die Liebe entscheidet. Schon Ende April 1921 verlässt Weiß die Stadt und kehrt erst nach dem Reichstagsbrand 1933 wieder zurück. Er pflegt hier seine todkranke Mutter, auch wohnt er zunächst bei ihr, im Stadtteil Vinohrady, Balbínova 26. Als sie am 15. Januar 1934 stirbt, geht er nach Paris. 1938 gelingt es ihm noch den Roman *Der Verführer* zu veröffentlichen, der Roman eines Arztes, der einen Gefreiten mit dem Kürzel A. H. von seiner hysterischen Blindheit geheilt hat und nach der Machtübernahme nur knapp dem Tod entkommt. Als die Hitler-Armee in Paris einmarschiert, unternimmt Ernst Weiß einen Selbstmordversuch, an dem er einen Tag später stirbt. Viele seiner Arbeiten aus den Pariser Exiljahren bleiben verschollen, aber 1997 entdeckte Dominique Fliegler im Nationalen Literaturarchiv ein Typoskript der Novelle *Jarmila* mit dem (bitter ironischen) Untertitel ›Eine Liebesgeschichte aus Böhmen‹. Sie führt den Ich-Erzähler nach Prag, endet jedoch in Paris, wo sich die Hauptfigur der Binnenhandlung, der unglücklich liebende Bedřich Kohoutek, im Gefängnis selbst tötet.

EIN BRUDERPAAR. Die Straße ist schon deshalb leicht finden, weil sie ›Bratři Čapků‹ heißt. Dank einer väterlichen Geldspritze konnten die Brüder Josef (1887–1945) und Karel Čapek (1890–1938) 1925 aus der beengten Kleinseitner Wohnung (Řiční ulice 11) in die ›Königlichen Weinberge‹ ziehen. Niemand tritt ihrer geschwisterlichen Eintracht mit der Bemerkung zu nah, dass die Arbeiten von Karel stets das größere Publikumsinteresse fanden. Seit 1916 veröffentlichten sie auch gemeinsam, die Autorenangabe Bratří Čapokvé bezeichnete also tatsächlich ein Gemein-

schaftswerk. Zwar gingen sie nach rund einem Jahrzehnt dann wieder getrennte künstlerische Wege, aber menschlich blieben sie einander eng verbunden. Der jüngere, oft von Krankheiten geplagte Karel war der wendigere von beiden, und diese Wendigkeit kam ihm in seinem Brotberuf zustatten. Wie so viele Dichter des Landes schrieb er ebenfalls für die Zeitung und sah in beiden Autorentätigkeiten nicht von vornherein einen Widerspruch. »Der Schriftsteller soll in einer Welt leben, die allen gehört. Auch der Journalismus stellt einen Versuch dar, universal zu sein.« Seit 1917 arbeitete Karel als Redakteur bei den *Narodní listy*, von 1921 bis zu seinem Tod bei *Lidové noviny* (Volkszeitung). Insofern scheint es folgerichtig, dass die meisten seiner Werke zuerst in der Zeitung erschienen, dass er bei ihrer Abfassung auch von der Zeitung her dachte. Außerdem verstand er sich als politischer Schriftsteller, nahm derart entschieden für Masaryk Partei, dass ihn hämische Zeitgenossen einen Satelliten schimpften. Heftig bekämpfte er Hitler-Deutschland, verhängnisvoll war sein Vertrauen in Frankreich als Freund und Verbündeten. 1938 schlugen ihn französische Autoren für den Literatur-Nobelpreis vor, doch Ende September des gleichen Jahres wurde die Tschechoslowakei von den westlichen Demokratien im Stich gelassen. Keine drei Monate nach dem Münchener Abkommen starb Karel an Lungenentzündung. Sein Bruder Josef, auch als bildender Künstler hoch anerkannt, wurde bei der Okkupation verhaftet und interniert. Er starb im Konzentrationslager Bergen-Belsen noch im April 1945. Zuletzt schrieb er notgedrungen nur noch Verse, bewegend sein Gedicht *Vor der großen Reise*, dessen letzte Strophe lautet: »Dann der große Reisetag / – lang hast du ihn abgesehen: / Lebensernte, Schnitterschlag – / – stets wirst du nach Hause gehen!« (Übersetzung Urs Heftrich)

Karel Čapek im Jahr 1925

DER ERZÄHLER KAREL ČAPEK. Die Erzählung *Modrá chrysantéma* (Die blaue Chrysantheme) lässt sich als Auskunft über das Literaturverständnis ihres Verfassers lesen. Dort bringt ein geistig behindertes Mädchen einem blaublütigen Gartennarren die Titelblume. Der Beschenkte ist angesichts des wundervollen Exemplars wie besessen davon, seine Herkunft zu ermitteln. Doch alles Suchen bleibt vergebens. Denn diese Pflanze ist nicht die Kreation eines professionellen Züchters, sondern wuchs im Garten eines Bahnwärters. Bis auf die verborgene Provenienz hat diese ›Blaue Blume‹ nichts Geheimnisvolles, aber sie bedeutet dem Leser, dass die wahre Kunst aus dem Volke kommt, zumindest aber ihm verständlich bleiben soll. Karel Čapek hatte nichts für einen abgehobenen Schönheitskult übrig, verständlich bleiben, das war auch die Vorgabe eines Zeitungsschreibers. Er, der promovierte Philosoph, hat viele Genres erprobt, von seinen berühmten Theaterstücken war schon die Rede (s. S. 121). Darüber hinaus gibt es kaum eine Prosa-Textsorte, an der er sich nicht versucht hätte – vom Reisefeuilleton über den Essay bis zum Roman. Und wenn alle Übersetzungen seiner Werke vom deutschen Markt zu verschwinden drohen (was in der Vergangenheit allzu häufig geschehen ist), wird sein *Jahr des Gärtners* (1929) doch noch lieferbar sein – weil nicht die Literatur-, sondern die Gartenliebhaber danach fragen. Überhaupt fällt Čapeks Interesse an populären Gattungen auf, speziell am Kriminal- und Sciencefiction-Roman. Schwerpunkt seines Schaffens als Prosa-Autor ist die Trilogie *Hordubal* (1933), *Povětron* (Der Meteor, 1934) und *Obyčejný život* (Ein gewöhnliches Leben, 1935). In *Hordubal* geht es um den Mord am Bauern Hordubal, doch bleibt ungewiss, wer ihn warum ums Leben gebracht hat. In seinem »Schlusswort des Autors«, das übrigens erst die Romane als Dreiheit

beglaubigt, wird das Verfahren erläutert: »Ein und dieselben Begebenheiten werden dreimal erzählt: einmal, wie Hordubal sie erlebt, sodann, wie sie von den Polizisten ermittelt werden, und schließlich, wie das Gericht sie beurteilt; es wimmelt zunehmend von Widersprüchen und Ungereimtheiten – obwohl oder gerade weil hier die Wahrheit herausgefunden werden soll.« Gleichfalls um die Betrachtung eines Menschenlebens aus verschiedenen Perspektiven geht es im *Meteor*. Der Titel meint einen vom Himmel gefallenen Flieger, der stirbt, ohne das Bewusstsein wiederzuerlangen. Was die Menschen um sein Krankenbett in ihm sehen, sagt mehr über sie selbst aus als über diesen todwunden Mann. Keinerlei Dramatik verspricht der Titel des letzten Romans: *Ein gewöhnliches Leben*. Ein Eisenbahnbeamter schreibt sein Leben nieder, und gerade an dieser Autobiographie kann Čapek sein Credo exemplifizieren: »Brüderlichkeit und Mannigfaltigkeit! Selbst das gewöhnlichste Leben ist unendlich, unermesslich der Wert einer jeden Seele.« Viel, und wirklich Weltbewegendes geschieht dagegen in Čapeks bekanntestem Roman *Der Krieg mit dem Molchen* (1936). Hier übernehmen Riesenmolche die Weltherrschaft, wobei sich – mit deutlicher Anspielung an die politischen Verhältnisse – die Rasse der »Nord- oder Edelmolche« besonders hervortut. Nur die Auseinandersetzung zwischen ihnen verhindert den Untergang des Menschenvolks.

Kleines Intermezzo auf dem Vyšehrad

SAGENHAFTE ANFÄNGE. Am Anfang steht der *Vyšehrad*, dann erst folgt die Moldau: Das Kopfstück von Smetanas sinfonischem Zyklus *Má vlast* (Mein Vaterland) würdigt an erster Stelle die Erhebung oberhalb des historischen Prager Zentrums. Sie ist ein sagenumwobener Ort, und noch der Komponist durfte davon überzeugt sein, dass auf dieser Kalkklippe die erste Prager Burg gestanden hat. Mit ihr verband die Überlieferung den Ursprung der Přemysliden-Dynastie. Das Erscheinungsbild des Vyšehrad scheint selbst heute eine graue Vorzeit eher gegenwärtig zu halten als die völlig überbaute ›Burg‹. Eine Ruine am moldauseitigen Steilhang nennt der Volksmund ›Libussas Bad‹. Durch einen Schacht habe die Fürstin dort lästig gewordene Liebhaber in den Fluss stoßen und von den eilenden Wellen entsorgen lassen. Aber zugegeben, solche Ausschmückungen haben kaum noch etwas mit Literatur zu tun. Dabei erwähnt ein Christian die noch namenlose Seherin schon gegen Ende des 10. Jahrhunderts (obwohl er ihr als Heidin keine Sympathien entgegenbringt). Um 1120 nennt dann der Chronist Kosmas von Prag den Namen: Libussa. So heißt die jüngste Tochter und Nachfolgerin des Fürsten Krok, die sich als Regentin schließlich dem Drängen des Volkes nach einer männlichen Führungsfigur beugt. Zum Gatten wählt sie einen schlichten Landmann namens Přemysl, den Stammvater des böhmischen Herrschergeschlechts. Und schon beim eleganten Stilisten Kosmas findet sich das berühmte Gesicht Libussas: »Sieh, ich erblickte

die Stadt, ihr Ruhm reicht bis zu den Sternen.« Die Poeten schöpften dann hauptsächlich aus der ersten tschechisch geschriebenen, heftig deutschfeindlichen Dalimil-Chronik (um 1310) und der Fassung des Václav Hájek z Libočan (1541), wenn sie den Stoff gestalteten.

LIBUSSA, VON DEUTSCHEN NACHERZÄHLT.

Der Libussa-Mythos ging früh in die deutschsprachige Dichtung ein, Hans Sachsens Versgedicht *Ursprung des Behem. Land- und Königreichs* (1537) gibt der Seherin Gestalt und Stimme. 1778/79 bietet Johann Gottfried Herders ›böhmische Geschichte‹ *Die Fürstentafel* eine balladeske Version des Stoffes. Der gewiefte Rhetoriker Herder beginnt mit dem ›Gericht Libussas‹ und dem Aufbegehren eines »Reichen« gegen ihr Urteil. »›Weh uns, Böhmen, weh uns tapfre Männer! / Die ein Weib verjochet und betrüget, / Weib mit langem Haar und kurzen Sinnen – / lieber sterben, als dem Weibe dienen.‹« Wenigstens kann Libussa einen Mann ihrer Wahl heiraten, einen Ackerer von vorbildlicher Bedürfnislosigkeit: »›Laßt mir meine Schuh von Lindenrinde / und mit Bast von meiner Hand genähet / daß es meine Söhn und Enkel sehen, / wie ihr Vater einst gegangen!‹« Dem Dichter aber bleibt nichts anderes, als der schlichten Frühzeit nachzutrauern: »Weh, ach weh, die Rute ist verdorret, / und die armen Schuhe sind gestohlen, / und der Eisentisch ist güldne Tafel.« Verklärt Herder die Vergangenheit im Geist der Romantik, präsentiert wenige Jahre später der Mitweimaraner Johann Karl August Musäus den Stoff ganz anders. In seinen *Volksmärchen der Deutschen* (!) erzählt er den Mythos nach der Weise des Aufklärers, ironisch distanziert – und wundervoll kraus-elegant. Köstlich vor allem seine Bemerkungen beiseite, etwa wenn es um die Tugendhaftigkeit Libussas geht, die alle am fürstlichen Hof

über den grünen Klee loben: »Wenn ein Liebhaber ein solches Realregister von den Vollkommenheiten seiner Geliebten entwirft, so ist es immer zweifelhaft, ob sie die Inhaberin einer einzigen davon sei; allein das Publikum irrt sich nicht leicht zum Vorteil, wohl aber oft zum Nachteil des guten Rufs in seinen Urteilen.« Musäus endet mit einem Blick zurück, aber er muss ja auch nur einen märchenhaft guten Schluss finden: »Das glückliche Paar lebte im Genuß unwandelbarer Liebe nach der Sitte damaliger Zeit, wo der Instinkt, der die Herzen verbindet, so fest und dauerhaft war als der Kitt und Mörtel, der die Mauren der alten Zeit so unzerstörbar machte.«

Clemens Brentano (1778–1842) lebte vom August 1811 bis Juli 1813 in Böhmen, und der stets schnell Enthusiasmierte begeisterte sich auch für die Idee der nationalen Wiedergeburt. Sein historisch-romantisches Drama *Die Gründung Prags* widmete er der russischen Großfürstin Katharina Paulowa, obwohl sein Freund Josef Dobrovský, der große tschechische Philologe, dem Austroslawismus das Wort redete, die Russen demnach keineswegs als die berufenen Führer aller slawischen »Stämme« sah. Brentano verfolgte ursprünglich den Plan einer Trilogie, der aber ebenso wenig ausgeführt wurde wie ihr erstes, vollendetes Stück aufgeführt. Sein Titel *Die Gründung Prags* führt insofern in die Irre, als es mit Libussas Wahl zur Fürstin beginnt und auch ihre Heirat mit Přemysl behandelt. Den großen Schlussakkord bildet freilich die Vision Libussas von der Gründung Prags: »Es bricht die Nacht, o Duft, o Lichtes Helle! / Prag, Prag, du unsers Heils und Glaubens Schwelle!« Die vielen Handlungsstränge lassen leicht übersehen, dass Brentano einer eigenwilligen Poetik folgt. Sie will den Mythos in »Naturdichtung zurück auflösen« und so das verlorene Paradies zumindest im Ingenium des Dichters wiedergewinnen.

Franz Grillparzer (1791–1872) kannte das Stück Brentanos, legt aber seinem Trauerspiel *Libussa* ein anderes Geschichts- und Gesellschaftsbild zugrunde. Für ihn steht Libussa auf der »Schwelle« von Mythos und Historie, von Matriarchat und Patriarchat. Libussas Gatte Primislaus errichtet die neue Gesellschaft, in deren Anfang jedoch schon ihr Nieder- gang beschlossen liegt. Aus dem großem Schlussmonolog der Titelfigur spricht die ganze Wucht Grillparzerscher Zeit- kritik: »Das Edle schwindet von der weiten Erde, / Das Hohe sieht vom Niedern sich verdrängt. / Und Freiheit wird sich nennen die Gemeinheit, / Als Gleichheit brüsten sich der dunkle Neid.« Die Prophezeiung fasst den Lauf der Geschichte kursorisch zusammen, eher beiläufig ergeht die Aufforderung »Baut Eure Stadt«. Nach all diesem Schwarz- sehen aber blickt Libussa in eine noch fernere Zukunft, und sie verheißt am Ende der Geschichte ein neues Goldenes Zeitalter: »Dann kommt die Zeit, die jetzt vorübergeht, / Die Zeit der Seher wieder und Begabten.« Das Werk wurde erst im Todesjahr Grillparzers gedruckt und 1874 uraufge- führt.

STIFTERS WITIKO. 1865–1867 erschien der drei- teilige, historische Roman und sein Verfasser kommentierte: »Ich habe gearbeitet wie ein Pflugstier.« Adalbert Stifter (1805–1868) widmete dieses Spätwerk »seinen Landsleuten, insbesondere der altehrwürdigen Stadt Prag«. Zum eigentli- chen Mittelpunkt aber macht Stifter das Waldland im Süden Böhmens, wo er selbst geboren wurde und aufwuchs. Es ist die Heimat seines Helden Witiko, der im Auftrag des ster- benskranken Herzogs Soběslav I. nach Prag zieht, um den Wahllandtag (1140) über die Nachfolge des Fürsten zu beobachten. Die Wahlmänner kommen auf dem Vyšehrad zusammen, was insofern historisch korrekt ist, als dieser

Burgberg zwischen 1070 und 1140 tatsächlich die Residenz der böhmischen Herzöge war. Die Versammlung bestimmt jedoch nicht den Sohn Soběslavs, sondern den Neffen des Herzogs zum neuen Landesherrn. Übrigens begnügt sich Stifter bei der Beschreibung des Wahllokals mit dem schlichten Satz »Es war ein sehr großer Saal«, und auch für die Skizze der Umgebung brauchte er keine besonderen Ortskenntnisse, schließlich zeugten von der einstigen Residenz nur noch wenige Mauerzüge. Für den zweiten und dritten Band des *Witiko* aber musste er sich ein genaues Bild von der Topographie Prags machen. Jetzt steht sein Held auf der Seite des gewählten Herzogs Vladislav (II.). Er kann durch viele Herrschertugenden überzeugen, während seine Widersacher nur auf ihren eigenen Vorteil aus sind. Vladislav behält nach langen Auseinandersetzungen, auch um die Hauptstadt Prag, die Oberhand, Witiko hat an diesem Sieg großen Anteil. Kaiser Friedrich Barbarossa verleiht dem Přemysliden nun den Königstitel, und jedenfalls am Ende des Romans ist Böhmen eine starke Einheit und verlässliches Glied des Reiches. Die Historiker sehen das ziemlich anders. Aber Stifter kann seinem Helden und dessen Geschlecht eine schöne historische Perspektive eröffnen. Das mochte in den 1860er Jahren als Appell gedacht sein, nur scheiterten im realen Böhmen alle Versuche des Ausgleichs zwischen Tschechen und Deutschen.

DER EHRENFRIEDHOF. Ein Ehrenfriedhof der Nation. Das ist keine selbstverständliche Einrichtung und erklärt sich wohl nur aus dem lange unterdrückten Selbstbehauptungswillen dieses Volkes. Noch einmal herausgehoben wurde die Bedeutung der Stätte durch das Slavín-Monument (1893) an seiner Ostseite. Auf dem Friedhof liegen fast alle »berühmten Töchter und Söhne« des Landes;

dazu gehören, wie sich von selbst versteht, gerade auch die Dichter. Ein Foto aus dem Jahr 1938 hält die feierliche Bestattung Karel Hynek Máchas (s. S. 175 ff.) fest. Ursprünglich in Litoměřice (Leitmeritz) begraben, fanden seine sterblichen Überreste auf dem Vyšehrad ihre allerletzte Ruhestätte, kurz bevor die deutschen Besatzer ins Sudetenland einrückten. Alphabetisch reicht die Poetenreihe von Eduard Bass (1888–1946) bis Julius Zeyer (1841–1901), letzterer liegt im Slavín, der auch Josef Hora aufnahm. Sein Freund Jaroslav Seifert sprach die Verse an seinem Grab und weiß im Übrigen von der drangvollen Enge in diesem Monument zu berichten. Seifert, der so alt wie nur wenige tschechische Berufskollegen wurde, konnte bei seinen Besuchen hier vielen persönlichen Erinnerungen nachhängen. Auch in Pavel Kohouts Roman *Wo der Hund begraben liegt* (s. S. 179 f.) hat der Ich-Erzähler eine besondere Beziehung zu diesem wahrhaft geschichtsträchtigen Friedhof und versichert anlässlich eines Besuchs, er gehöre »wie der Kern in die Zwetschge nach Prag«. Nur angemerkt sei, dass Kohouts Eltern und seine Großmutter hier bestattet sind. Noch heute ehrt mancher Prager auf dem Vyšehrad die verdienten Toten, nach den Beobachtungen glaubwürdiger Augenzeugen legen junge Frauen sogar kleine Blumensträuße auf die Gräber der Dichter.

Jaroslav Seifert im Jahr 1984

Kleinseite, ein Abstecher nach Prag-Smíchov und Hradčin

POETISCHES VON DER KARLSBRÜCKE. Die Karlsbrücke zählt weltweit zu den architektonischen Zelebritäten unter den Flussüberwegen. Was nicht zwingend heißen muss, dass ihr auch die Dichter ein Denkmal setzten. Aber Jaroslav Seifert hat das sogar mit dem Titel eines Gedichtbands getan, *Kamenný most* (Steinerne Brücke, 1944), und Vladimír Holan (s. S. 154 f.) deutet an, warum die Brücke so viel poetisches Potential hat: »Nachts über die Karlsbrücke schwankend / knietest du vor jeder Statue nieder, / auf dem Weg zum Kleinseitner Ring / Doch vor dem Brückenturm gingst du auf die andere Seite / und knietest vor jeder Statue auf dem Weg zurück zu den Kreuzherren«. Der Fixpunkt dieses Hin und Zurück ist zwar ein und dieselbe Altstadt-Kneipe, womit sich die unsichere Gangart zwanglos erklärt. Aber nicht nur deswegen zeigt das lyrische Ich keine besondere Zielstrebigkeit. Die Heiligen halten den Trinker gehörig auf, und das sowohl auf dem Hinweg Richtung Kleinseite, als auch auf dem Weg zurück Richtung Altstadt. Die imposante Galerie großenteils barocker Plastiken haben noch andere Autoren, respektive ihr Personal beschäftigt. Im halbbiographischen *Roman einer Redaktion* erinnert sich Max Brod: »Früher habe ich mich vor dieser Stelle gefürchtet, wollte als Kind hier nicht vorbeigehen. Habe laut geweint.« Gemeint sind die erbarmungswürdigen Gestalten eingekerkerter Christen in der Gruppe zweier Trinitariermönche und des hl. Iwan, das großartige Monu-

Die Karlsbrücke

ment Ferdinand Maximilian Brokoffs kam 1714 auf die Brückenbrüstung. Die imposanteste Figur ist hier der Türke als Wächter, und Egon Erwin Kisch hat schön nacherzählt, wie ausgerechnet dieser Muselmann als Demonstrationsobjekt für die verfeindeten Gruppen der Tschechen und Deutschen herhalten musste. Doch der Heilige aller Heiligen auf dieser Brücke ist natürlich Johann Nepomuk. Die Bronzeplastik von 1683 ist sozusagen Stammvater zumindest aller Prager Nepomuk-Statuen, deren Vielzahl Rainer Maria Rilke zu dem strophischen Stoßseufzer inspirierte: »Aber diese Nepomucken! / Von des Torgangs Lucken gucken / und auf allen Brucken spucken / lauter, lauter Nepomucken!« Bemerkenswerte Brückenverse stammen auch von – Franz Kafka. Sie stehen in einem Brief vom November 1903 an den Jugendfreund Oskar Pollak, beziehen sich nicht ausdrücklich auf die Karlsbrücke, doch in diesem Fall scheint die Assoziation zwingend: »Menschen, die über Brücken gehn, / vorüber an Heiligen / mit matten Lichtlein. // Wolken, die über grauen Himmel ziehn, / vorüber an Kirchen mit verdämmernden Türmen. // Einer, der an der Quaderbrüstung lehnt / und in das Abendwasser schaut, / die Hände auf alten Steinen.« An den Schluss gehört wenigstens ein Hinweis auf den Roman *Nachts unter der steinernen Brücke* von Leo Perutz (s. S. 35). Die Karlsbrücke erscheint hier im Buchtitel und das gleichnamige Kapitel bildet die Gelenkstelle des Werks wie der Überweg selbst die des Prager Stadtbilds.

EINE KLAUSE AUF DER KLEINSEITE. Unter dem Gesichtspunkt der Literaturgeschichte ist ›U Sovových mlýnů 7‹ (Eulmühlgasse) auf der Kleinseitner Halbinsel Kampa eine besonders ergiebige Adresse. Hier arbeitete nicht nur der Philologe und Historiker Josef Dobrovský

(1753–1829) an seiner Geschichte der böhmischen Sprache und Literatur, hier brachte auch der Kabarettist und Theatermann Jan Werich (1905–1980) seine letzten Jahre zu. Seine Prominenz aber verdankt dieser ehemalige Gartenpavillon des Nostitz-Palais dem besonders standorttreuen Vladimír Holan (1905–1980). Er lebte hier von 1948 bis 1968, wahrscheinlich ohne je das Gebäude zu verlassen. Schon 1935 war der Angestellte des staatlichen Pensionsamtes in den Ruhestand geschickt worden, wie es hieß, aus gesundheitlichen Gründen (die bewährte Formel zur Verschleierung des wahren Sachverhalts). Damals hatte Holan einige Lyrikbände veröffentlicht, aus dem dreistrophigen Gedicht *Entgegen* (1934) spricht das Lebensgefühl des Verfassers: »Wieder die Nacht, in die mit einem Flehn / uralte Absicht Starre und Bewegung prägt, / wieder der Schmerz, der flüchten will und gehn / und drängend doch entgegenschlägt.« Bei allem Bemühen um den eigenen Ton hat Holan nie verleugnet, wie sehr die Auseinandersetzung mit anderen Autoren sein Werk prägte. Enorm belesen, nahm er nicht nur die Dichtkunst seiner Sprachheimat auf, ihn beeindruckten ebenfalls deutsche Autoren wie Georg Trakl, die Franzosen Arthur Rimbaud oder Stephane Mallarmé und selbstverständlich auch die russischen Avantgardisten. Besatzungszeit und Krieg erschwerten geschlossene Publikationen, aber sie ließen Holan doch politisch Stellung nehmen: So ist seine Dichtung *Odpověď' Francii* (Antwort an Frankreich, 1939) eine scharfe Abrechnung mit dem Verrat der Garantiemacht. Er sah die Rote Armee als Befreier der Tschechoslowakei und wurde nach dem Krieg sogar Mitglied der Kommunistischen Partei. Wenige Jahre konnten nun seine Bücher erscheinen. Noch 1948 erhielt er den Staatspreis, aber im gleichen Jahr auch Publikationsverbot. Bis 1957 musste er für die Schublade schreiben, dann,

im Gefolge des XX. Parteitags der KPdSU (1956) und Chruschtschows Kritik an Stalins Personenkult durfte Holan wieder veröffentlichen. Ab 1970 verhinderte der tschechoslowakische Staatsapparat erneut, dass seine Bücher im Druck erscheinen konnten. Doch lassen seine Verse kaum darauf schließen, dass die äußeren Ereignisse den höchst menschenscheuen Dichter wirklich berührten, Buchtitel wie *Angst, Schmerz* oder *In den letzten Zügen* verweisen immer auf die eigene Befindlichkeit. Seit 1977, dem Todesjahr seiner Tochter, schrieb Holan nichts mehr. Die letzten Jahre brachte er im Haus ›U Lužického semináre‹ (Zum sorbischen Seminar) 7 zu, das zwar nördlich der Karlsbrücke lag, aber wie das Nostitzsche Gartenhaus dicht an jenem Moldauarm, der auch auf den offiziellen Stadtplänen Čertovka (Teufelsbach) heißt. Dass er die Öffentlichkeit so konsequent mied, hat seinem Ruf keineswegs geschadet. Er gehörte und gehört zu den wirkungsmächtigsten tschechischen Autoren, 1969 wurde er für den Literatur-Nobelpreis vorgeschlagen. Und wer wie Holan mit so vielen Autoren und ihren Werken auf vertrautem Fuß stand, musste sich fast zwangsläufig herausgefordert fühlen, sie auch zu übersetzen. Besonders häufig übertrug er Rilke, aus dem deutschen Sprachraum hat er ebenfalls Nikolaus Lenaus *Albigenser* den tschechischen Lesern zugänglich gemacht. Ein bislang einmaliger Kraftakt ist die zweisprachige Ausgabe seiner Werke, veranschlagt auf 14 Bände.

RILKES KÖNIG BOHUSCH. Am 31. Oktober 1897 hatte Rilke seiner Muse Lou(ise) Andreas-Salomé den eben vollendeten *König Bohusch* vorgelesen, knapp vier Monate später waren auch *Die Geschwister* abgeschlossen, 1899 erschienen beide Novellen unter dem Titel *Zwei Prager Geschichten* als Buch. Überraschend deutlich ist der Bezug

auf die jüngste Landeshistorie im *König Bohusch.* Hintergrund sind die Prager Unruhen des Jahres 1893. Am Vorabend des kaiserlichen Geburtstags (17. August) kam es zu heftigen Protesten gegen Österreich. Einen ungeheuren Akt der Majestätsbeleidigung stellte der Strick um den Hals des Kaiser-Franz-Reiterbildes dar, dessen neogotische Architektur noch heute, allerdings ohne Kaiser, in der kleinen Anlage am Altstädter Smetanovo nábřeží steht. Im September kochte dann die Volksseele erneut, schnell herrschte Pogromstimmung, die Ausschreitungen richteten sich vor allem gegen die Geschäfte deutscher Juden, wieder einmal wurde über Prag der Ausnahmezustand verhängt. In dieser explosiven Lage machte die Staatsmacht einer anarchistischen Gruppe den Prozess. Die Verschwörer der Rilke-Erzählung gehören zweifellos zu diesem Geheimbund ›Omladina‹ (Jugend), der während der späten 1870er Jahre im Kladnoer Industrierevier entstanden war. Seine Mitglieder – darunter der ewige Dichter-Rebell Stanislav Kostka Neumann und Alois Rašín, später Finanzminister der Ersten Tschechoslowakischen Republik – propagierten den Kampf gegen die Habsburger-Herrschaft, auch vor Anschlägen wollten sie nicht zurückschrecken. Die Prager Gruppe fliegt auf und kommt vor Gericht, im Dezember wird in einem Haus (Kleinseitner Mostecká / Brückengasse Nr. 13) der Handschuhmacher Rudolf Mrva ermordet aufgefunden. Dieser – verwachsene – Mrva kehrt bei Rilke als buckliger »König Bohusch« wieder, zwischen seinem Tod und dem Entstehen der Novelle liegen nicht einmal vier Jahre. Aber anders denn der reale Mrva ist Bohusch kein in die Omladina eingeschleuster Polizeispitzel, sondern ein fürchterlich gebeutelter Mensch, den es nach ein wenig Geltung verlangt. Er sieht im Kontakt zur Gruppe die Möglichkeit, seine geliebte »Frantischka« doch noch zurückzugewinnen.

Der Brief an sie verrät ihn und damit auch die Verschwörer. Bohusch kennt die Gruppe nur über den Studenten Rezek (Rotkopf), und der bringt ihn für seinen Verrat um. Doch auch dieser Rezek ist ein Geschlagener, das Joch der Fremdherrschaft abzuschütteln nur ein vordergründiges Ziel. So werden hier die politischen Beweggründe allein im unglücklichen Bewusstsein der Akteure gesucht, aber der Autor Rilke zeigt sich hier im Vergleich zum Gedichtband *Larenopfer* deutlich gereift. Hinzugefügt sei, dass die Omladina in Nachfolgeorganisationen und ohne das Odium des Geheimbunds bis in die Republik hinein lebendig blieb. Eine gleichnamige Zeitschrift (später *Nová omladina*) hielt weiterhin die Fahne der Anarchie hoch, hier veröffentlichte unter anderen Jaroslav Hašek. Und dass *König Bohusch* über die erzählte Geschichte hinaus Gelegenheit bietet, reichlich Pragensien einzuflechten, versteht sich beim frühen Rilke ja von selbst.

ENTTÄUSCHTE HOFFNUNGEN BEI HEINRICH VON KLEIST. 1809 hatte es ihn nach Prag verschlagen, »wohin meine Wünsche gar nicht gingen«. Aber dann wurde Heinrich von Kleist (1777–1811) im stattlichen Palais Kolowrat willkommen geheißen, das dem Wallensteinschen gleich gegenüber lag. Es gehörte dem Prager Oberstburggrafen Franz Anton Graf von Kolowrat, und sein Haus stand den preußischen Napoleongegnern offen. Gerade hatte der unbesiegbare Franzose bei Aspern eine empfindliche Niederlage einstecken müssen, Grund also zur Hoffnung, und wer hätte den Widerständlern verdenken können, dass dieser Hoffnung die Euphorie auf dem Fuße folgte. Begeistert wurde die Idee eines »patriotischen Wochenblatts« aufgegriffen, es sollte den programmatischen Titel *Germania* tragen. Kleist: »Solange ich lebe, ereignete

sich noch nicht so viel, um mir eine frohe Zukunft hoffen zu lassen.« Aber dann gewinnt Napoleon Anfang Juli 1809 bei Wagram und zwingt Österreich wieder unter seine Fuchtel. Die schönen Prager Pläne zerschlagen sich. »Das ganze Geschäft des Dichtens ist mir gelegt.« Kleist fleht seine Schwester an, ihm Geld zu schicken. »Ich bitte Dich, es so bald, als möglich ist, zu tun, um mich aus Prag, wo ich sonst gar nicht fort könnte, frei zu machen.« So schreibt ein Verzweifelter in einer schäbigen Bleibe ausgangs der Kleinseitner Brückengasse, für den Prag nichts mehr von einer ›Goldenen Stadt‹ hat.

WALDSTEIN UND SEIN PALAIS. »Eins aber ist noch herrlicher in Prag: / Der Wallenstein-Palast, o Sternenzeit!« Über dieses Urteil des pragbegeisterten Detlev von Liliencron lässt sich streiten. Aber die Gestalt des Albrecht Wenzel Eusebius von Waldstein oder Wallenstein (1583–1634) hat die Dichter ebenso fasziniert wie die Historiker. »Des Glückes abenteuerlicher Sohn« nennt ihn Friedrich Schiller im Prolog zu seiner Dramentrilogie *Wallenstein* und kommentiert wenig später in einer seiner berühmten Sentenzen: »Von der Parteien Gunst und Haß verwirrt / Schwankt sein Charakterbild in der Geschichte.« Um Ausgewogenheit hatte er sich als Historiker in seiner *Geschichte des Dreißigjährigen Krieges* bemüht, die den Feldherrn als einen seiner Hauptakteure sieht. Oft hat Wallenstein sein Prager Palais (erbaut 1614–1630) nicht bewohnt, aber bei keiner anderen Monumentalarchitektur Prags liegt die Versuchung so nahe, sie als Abbild ihres Bauherrn zu begreifen. »Wer dies Palais besucht und nicht über einige wesentliche Tatsachen Wallensteins Belehrung empfängt, dem ist nicht zu helfen. […] Welches Bild von Wallenstein das Schloss gibt? Er war ein Raffke größten Stils, ein Inflationsgewinn-

Im Garten des Waldstein-Palais

ler mit den großartigen Manieren eines Spielers. Übrigens, ich weiß, ein großer Rechner, ein Finanzgenie.« So schreibt Alfred Döblin in einem Artikel für das *Berliner Tagblatt* (26. Januar 1930) und das »ich weiß« ist eine äußerst diskrete Anspielung auf seinen 1920 erstmals erschienenen Wallenstein-Roman. Das über 1000 Seiten starke, zunächst unterschätzte Epos entwirft ein grandioses Panorama des Dreißigjährigen Krieges, wenngleich eher die Gestalt Kaiser Ferdinands als die Titelfigur im Mittelpunkt steht. Der Friedländer beeindruckt den Habsburger als Kraftmensch (»ein gelber Drache«). Vitalität strahlt auch die Sprache des Romans aus, mit manchen epochentypischen, also Stilmerkmalen des Expressionismus. Vor allem aber stellt Döblin mit den wirtschaftlichen Interessen Wallensteins dessen Zeitgenossenschaft heraus, für ihn ist der Feldherr ein »moderner Industriekapitän«. In seinem Bild des Dreißigjährigen spiegelt sich der Erste Weltkrieg, der Roman entstand großenteils während Döblins Zeit als Lazarettarzt. Noch deutlicher zieht Ota Filip in seiner Erzählung *Wallenstein und Lucretia* (1978, Lucretia hieß Wallensteins erste, früh verstorbene Frau) eine Parallele zwischen der Gegenreformation, dem »temno« (der Finsternis), und der Zeit des kommunistischen Regimes. Übrigens war, so sehr die Gestalt zur Literatur drängte, Wallenstein für die tschechischen Dichter lange Zeit kein Thema. Erst Jaroslav Durych (1886–1962) hat Zeit und Gestalt in (gleich) zwei Romantrilogien gewürdigt. Der katholische Autor sah allerdings die durchgängig als verhängnisvoll beurteilte Zeit der Gegenreformation positiv, nämlich als Sieg der Rechtgläubigkeit.

COMENIUS UND KOKOSCHKA. Vorweg: Es geht natürlich nicht darum, Jan Amos Komenský (Johann

Amos Comenius, 1592–1670) als Prager Autor zu vereinnahmen. Dieser »Lehrer der Völker«, »das Geschenk der tschechischen Reformation an die Welt« (Paul/Pavel Eisner) stammte aus Ostmähren, und nach der verlorenen Schlacht am Weißen Berg 1620 zwangen ihn die Zeitläufte zu einem ruhelosen Leben. Seit 1632 auch Bischof der böhmischen Brüdergemeinde, muss er erleben, dass der Friedensschluss von 1648 seinem Bekenntnis die Anerkennung verweigert, die letzten 14 Jahre lebt er in Amsterdam. Das Haus ›U zlatého slunce‹ (Zur Goldenen Sonne, Valdštejnská 20) hat das Pädagogische Museum Comenius aufgenommen. Seine Ausstellung ist nicht nur, aber auch dem bahnbrechenden pädagogischen Werk des Namensgebers gewidmet. Einen weiteren Zusammenhang zwischen Comenius und Prag stiftet der Maler-Dichter Oskar Kokoschka (1886–1980). »Heute fahre ich auf zehn Tage nach Prag, um zu schauen, ob ich dort Geld machen kann«, schreibt er Ende September 1934 aus Wien nach Dresden, aber er sollte vier Jahre an der Moldau bleiben. Immerhin war sein Vater gebürtiger Prager, auch seine Schwester lebte hier, und in Prag sollte er seine Frau Olda kennen lernen. Eine Wohnung fand Kokoschka in der Altstadt, ganz nah an der Moldau und der Karlsbrücke. Im ersten Jahr seines Aufenthalts hat er die Stadt oft gemalt, und selbstverständlich gibt es eine Prag-Ansicht mit Karlsbrücke und Burg. Tief beeindruckte ihn der greise Staatspräsident Masaryk. »Dieser Mann […] ist ein würdiger Nachfahre Komenskýs, ein Mensch, der nicht will, dass die Welt rückwärts statt vorwärts geht.« Als er Masaryk portraitierte (im Hintergrund Karlsbrücke und Burg), fügte er dem Bild eine Gestalt ein, deren Identität das Buch in ihren Händen verrät: *Die Welt in Bildern* des Comenius. Der Künstler selbst erscheint nicht, gehört aber zu einer gedachten pädagogischen Dreifaltigkeit: Comenius,

Masaryk und Kokoschka. Auch Kokoschka setzte auf die Jugend, auch er sah sich als Erzieher. Unter dem Eindruck der Begegnung mit Masaryk begann er 1935 in Prag, sein Drama *Comenius* zu schreiben. Er arbeitete es mehrere Male um und gab ihm erst viele Jahre später seine endgültige Fassung. 1974 wurde das Stück erstmals gezeigt, übrigens als Fernsehfilm.

FRANZ KAFKA IM SCHÖNBORN-PALAIS.

Diese Wohnung hatte Kafka – so unglaublich das klingen mag – selbst gefunden. Zwei Zimmer im zweiten Obergeschoss des Schönborn-Palais Tržiště 15, heute die Amerikanische Botschaft, er war begeistert. Und auch der Schreibfluss hält an, als er hierhin übersiedelt, zwischen dem 6. und dem 22. April 1917 entsteht etwa *Ein Bericht für eine Akademie*, der zu den berühmtesten Texten des Autors gehört. Aber in der Nacht vom 12. zum 13. August und in der Nacht darauf erleidet Kafka hier seinen ersten und zweiten Lungenblutsturz. Eine Zeit lang verschweigt er die fatalen Symptome, selbst seiner Schwester Ottla vertraut er sich erst gut zwei Wochen später an. »Es war etwa 4 Uhr früh, ich wache auf, wundere mich über merkwürdig viel Speichel im Mund, spucke es aus, zünde dann doch an, merkwürdig, es ist ein Patzen Blut. Und nun beginnt's. Chrlení [tschechisch für speien, chrlení krve = Blutsturz, D. A.], ich weiß nicht, ob es richtig geschrieben ist, aber ein guter Ausdruck ist es für dieses Quellen in der Kehle. Ich dachte, es werde gar nicht aufhören.« Kafka hat sich nach Kräften bemüht, diese »Wunde« zu deuten, »immer suche ich nach einer Erklärung der Krankheit«. Solche Ursachenforschung liegt seinem Vater völlig fern. Hermann Kafka erklärt vielmehr, er habe es gleich gesagt, die kühle, feuchte Wohnung, die dem Sohn so ausnehmend gut gefallen habe, sei Gift für die Lungen.

Kafka hat diese Erklärung halb und halb akzeptiert. Einmal hatte er sein Leben selbst in die Hand genommen – und es war nicht wieder gutzumachen.

JAN NERUDA, JOURNALIST UND DICHTER.

Gemessen am Umfang der Lexika-Einträge übertrifft der Chilene Pablo Neruda seinen Nachnamensvetter oft um viele Zeilenlängen. Pablo hieß eigentlich Neftalí Ricardo Reyes Basoalto, und immerhin vermerken die Nachschlagewerke, dass er sich aus Verehrung für Jan Neruda (1834–1891) dessen Nachnamen zulegte. Diese erstaunliche Solidaritätsbekundung rühmt das Werk eines Schriftstellers, der sich zeitlebens mit beschränkten Wirkmöglichkeiten herumschlug. Bereits sein Entschluss, Journalist zu werden, gehorchte der Not, das Jurastudium musste er aus Geldmangel aufgeben. Neruda begann bei deutschen Blättern, schrieb also am Anfang seiner Laufbahn deutsch. Zunächst arbeitete er als eine Art Lokalreporter, lernte das Handwerk demnach von der Pike auf. Schon früh hatte er an der Universität Tschechisch-Kurse belegt, und selbstverständlich will er in der Muttersprache schreiben. Literarische Ambitionen unterstreicht schon sein erster Gedichtband *Hřbitovní kvítí* (Friedhofsblüten, 1858), und nur angemerkt sei, dass die Rolle des Friedhofs in der tschechischen Dichtung nach tiefschürfenden Essays geradezu schreit. Nerudas Verse zeichnen sich durch eine antiidyllische Haltung aus, sanfte Melancholie, pretiöse Wendungen und Stimmungsbilder im Geist der Romantik waren seine Sache nicht. Eindrucksvoll verfehlte er den Geschmack des breiteren tschechischen Publikums (soweit von einem solchen damals überhaupt die Rede sein konnte). 1865 kam Neruda zur *Národní listy* (Nationalzeitung), deren Redaktion er bis zu seinem Lebensende angehören sollte. Versuche, kulturell,

gar literarisch ambitioniertere Blätter zu gründen, scheiterten mit unschöner Regelmäßigkeit am Geld. Als Journalist musste er natürlich ›Flagge zeigen‹. Es gab durchaus die so genannten ›Stimmen‹, die von Neruda entschiedenere Bekenntnisse zum Tschechentum forderten. Neruda brauchte solche Anstöße nicht, um heftig-patriotische Töne anzuschlagen. Ohnehin stimmten seine Landsleute darin überein, dass er mit seinen Feuilletons die öffentliche Meinung beherrsche. Wie kaum anders möglich und die Gesamtausgabe seiner Werke zeigt, entstand mancher Zeitungsartikel unter dem Druck der Aktualität. Doch bleiben genug Beiträge von erstaunlicher Qualität. Seinen Namen trägt die meistbegangene Gasse zur Burg, in der Nerudova 25 wohnte der Junge 1835–1841, in der Nr. 47 mit dem schönen Hausnamen ›U dvou sluncǔ‹ (Zu den zwei Sonnen) zwischen 1845 und 1857.

KLEINSEITNER GESCHICHTEN. Von allen journalistischen Textarten reicht das Feuilleton am nächsten (und manche meinen am verhängnisvollsten) an die wirkliche Literatur heran. Dieses Genre aber war unbestritten die Domäne Jan Nerudas. Ein Roman lag nie im Bereich seiner Möglichkeiten (»nicht einmal ein schlechter«, wie er selbst erklärte). Dafür sind seine *Povídky malostranské* (Kleinseitner Geschichten) in die Weltliteratur eingegangen; als Zyklus angelegt, bilden sie dann doch ein geschlossenes Ganzes. 1878 zuerst erschienen, geben die 13 Erzählungen (die kürzeren eher Skizzen) ein Bild des Stadtteils am linken Moldauufer. Ihr Gegenstand ist nicht die Welt der Paläste, sondern das – oft gemischtsprachige – Kleine-Leute-Milieu. Neruda lässt keine außerordentlichen Persönlichkeiten, geschweige denn Helden auftreten, keine spektakulären Vorkommnisse treiben die Handlung voran. Deshalb signali-

siert schon der lange und breite Titel *Wie es kam, dass Öster-*
reich am 20. August 1849, mittags um halb eins, nicht zerstört
wurde, wie gewaltig die Fallhöhe zu einem substantiellen
Anschlag und damit zu einer wahrhaft reißerischen Story
ist. In der köstlichen Erzählung bleiben die Grundfesten der
Monarchie unerschüttert, weil die jungen Attentatswilligen
dem falschen Lieferanten vertrauen. Statt für ihre mühsam
zusammengebrachten sechs Gulden Pulver zu besorgen,
setzt der beauftragte Krauter das Geld in Alkohol um. So
gerät er zwar selbst ins Wanken, aber eben nicht Österreich.
Umgekehrt lässt manche Überschrift Handlungsarmut be-
fürchten, führt jedoch absichtsvoll in die Irre. *Eine Woche*
in einem stillen Haus heißt die Eingangserzählung, nur
geschieht während des kurzen Zeitabschnitts doch allerlei,
und das nicht allein, weil die Liebe im Spiel ist. Hier wie des
Öfteren hat sich Neruda der Junggesellen angenommen,
schließlich war er zeitlebens selbst einer. Und die letzte
Skizze *Idyllische Fragmente aus dem Tagebuch eines Advoka-*
turskonzipienten lässt sich ohne weiteres als Karikatur auf
den Autor verstehen. Idyllen schafft Neruda keineswegs,
übrigens auch entgegen den Erwartungen, die mancher
Reiseführer noch derzeit von der Kleinseite weckt. Wenn er
eine Idylle vorspiegelt, dann nur, um sie in die Groteske zu
überführen. Nerudas Ironie ist integrales Moment der Darstellung, denunziert jedoch nie die Figuren. Seine Erzähl-
kunst vereint präzise Beobachtung und farbige Vergegenwärtigung. So entwirft er einen Kosmos, in den sich die
Leser bis heute gerne einleben. Obwohl sich das Leben auf
der Kleinseite wenigstens seit dem Fall des Sozialismus sehr
gewandelt hat.

RÜCKBLICK AUF DIE K.U.K. MONARCHIE.
Walter Mehring (1896–1981) liefert ein prägnantes Zeugnis

dafür, wie stark diese Stadt, wie sehr ihre Atmosphäre auch Menschen beeindruckte, die hier nur kurze Zeit blieben. Seine Skizze *Von Schlafenden* spielt knapp zwei Jahre nach Gründung der Tschechoslowakei und im vertrauten Milieu einer deutschsprachigen Prager Zeitung. Ihre Redakteure wollen die politischen Veränderungen nicht wahrhaben. Sie flüchten sich in läppische Kommentare zum aktuellen Weltgeschehen und in Lethargie. Oder gleich in die Vergangenheit wie »der alte Hofrat Journalist« mit seiner Ankündigung »›Ich geh schlafen‹«. Er nimmt den Weg durch die Gassen der Altstadt, über Karlsbrücke und Kleinseite hinauf zur Burg. Dabei lässt er das alte Böhmen noch einmal Revue passieren, immer mit einem Seitenblick auf die neue Tschechoslowakei. »Dann stieg er in die klaffende Fresse eines Durchhaustunnels, dessen Gaumen von getautem Schnee glitschte.« Und nun imaginiert der Autor »die magische Hauptstadt«, wohlgemerkt des alten Europa. Denn hier, unterhalb des Hradschin, findet sein Hofrat Journalist ein gespenstisches Szenarium vor: »Er sah das gesamte alte Österreich versammelt.« Im unheimlichen Ausgedinge ist schon ein Platz für den Neuankömmling reserviert, wie die anderen Figuren wird er hier in eine Art ewigen Schlaf versetzt, »bis man sie alle eines Tages ausgrub, diese Österreicher, die nicht leben und nicht sterben können, und sie museumsreif verfrachtete, um sie aufzubahren unter riesigen Glasstürzen.« Mehring mischt satirische Schärfe mit dichten Bildern der Umbruchszeit und Bildern der Stadt, die diesen Umbruch spiegelt. Sein kleiner Text ist eine frühe, scharfe Kritik der Habsburg-Nostalgie. Aber gerade die präzise zeitliche Einordnung (1920) macht die Faszination Prags noch einmal deutlich: Sein Stadtbild hält das Alte und das Neue eindringlich gegenwärtig. Damals wie heute.

EIN AUTORENTREFFEN. Am Schluss des Erzählbands *Sonderbare Begegnungen* (1973) von Anna Seghers steht *Die Reisebegegnung*. Als Treffpunkt bestimmt die Autorin (1900–1983) ein »barocke(s) Kaffeehaus«, vielleicht auf der Kleinseite. Dort ist E. T. A. Hoffmann mit Nikolai Gogol verabredet. Sonderbar ist ihre Begegnung insofern, als der reale Gogol bei Hoffmanns Tod 1822 gerade 13 Jahre zählte. Noch stärker wird die Jahresabfolge durcheinandergewirbelt, als sich ein anderer Kaffeehausgast als Franz Kafka vorstellt. Doch so eigenmächtig Anna Seghers die Zeitverhältnisse mischt, so genau zitiert sie aus den Werken der Beteiligten. Fehler bei der Darstellung Kafkas – Gregor Samsa verwandelt sich beileibe nicht in eine »Kröte«, die Manuskripte des Prager Autors zeigen kaum gestrichene Passagen und im Kaffeehaus hat er nie geschrieben – nehmen wir einfach für dichterische Freiheit, wichtiger sind ohnehin die Gesprächsthemen der Poeten. Ein heutiger, unbefangener Leser wird kaum mehr erkennen, wie sehr hier die damals aktuelle Realismusdebatte in der DDR hineinspielt. Ganz abgesehen davon, dass die Forderung nach Reisefreiheit auch auf die Zeitreise ausgedehnt wird, zeigt sich schnell, dass der Romantiker Hoffmann, der Realist Gogol und der »modernistische Dekadent« Kafka aus guten literaturtheoretischen Gründen zusammenkommen. Sie diskutieren das Verhältnis ihrer Kunst zur Wirklichkeit, für Anna Seghers eine Chance, die Schubladen einer doktrinären Ästhetik zu lüften. Jedenfalls kommt Kafka bei ihr entschieden besser weg als bei den Vertretern des sozialistischen Realismus. Allerdings gesteht er sich im letzten Selbstgespräch: »Ja, ›Amerika‹, darin war etwas enthalten, was die Menschen verstanden. An dieses Etwas hätte ich mich halten sollen.« Diese Generaldeutung des Roman(fragment)s *Der Verschollene* ist entschieden die Ein-, besser Ansicht der

Seghers, und sie kann als Ehrenrettung der Allgemeinverständlichkeit gelesen werden. Aber ihre offenbare, ganz ursprüngliche Faszination vom Kafka-Text *Der Kübelreiter* lässt doch erkennen, wie nah sich die Erzählerin diesem Autor fühlt. Übrigens verschafft sich in Gestalt von Kafkas Vater zuletzt doch noch eine sogenannte Wirklichkeit Gehör. Er ruft seinem Sohn unwirsch zu Tisch. »»Da sitzt du und spinnst‹, [...] ›Wir warten mit dem Essen, und du verplemperst die Zeit.‹«

SMÍCHOV: KISCH BLICKT ZURÜCK. »Die Landschaft von Smichow (zu deutsch: Lachende Au) war im Zeitalter des Rokokos das Rokoko an sich. Hier besaßen die Herren des böhmischen Adels ihre Lustschlösser und Lustgärten, und wer eine besonders privilegierte Freundin innehatte, ließ ihr in nächster Nachbarschaft ein eigenes Tuskulum erbauen.« So kann Egon Erwin Kisch ganz zwanglos, wenngleich nicht mit letzter historischer Korrektheit auf die Villa Bertramka, ihre Besitzerin Josefine Dušek und ihren Gast Wolfgang Amadeus Mozart zu sprechen kommen. Dieses »Tuskulum« immerhin blieb bis heute erhalten, und die sommerabendlichen Konzerte im Garten der Bertramka gehören zu den Höhepunkten eines Pragbesuchs. Aber Smíchov selbst bekam ein anderes Gesicht. Noch einmal Kisch: »Die Lachende Au war zu einem Industriedistrikt geworden.« Und was für einer. Und die realen Sozialisten unternahmen keine Anstrengungen, ihm die fürchterliche Tristesse zu nehmen. Heute verändert sich Smíchov wieder, und das ziemlich rasant. Kein anderer Pragteil spiegelt den Übergang von einem System ins andere so eindrucksvoll wider, unter den Hervorbringungen des jüngsten Baubooms wirken die (wenigen) Ruinen der alten Industrie wie ein Verlegenheitszitat.

EXIT ANDĚL. »Der Engel EXIT stand mit seinem menschenschlingenden Schlund für alle, die in ihm verschwinden wollen, bereit.« Die zentrale U-Bahn Station Anděl (Engel) im einstigen Arbeiterviertel und der jetzigen Boomtown Smíchov stand Pate bei *Engel Exit*, dem zweiten, 1997 auf deutsch erschienenen Roman von Jáchym Topol (*1962). Schon Jáchyms Vater, der Dramatiker Josef Topol, gehörte zu den Kritikern des Regimes, Jáchym bereits mit 16 zu den Erstunterzeichnern der Charta 77. Dem Wehrdienst entging er, indem ein befreundeter Arzt für die Einweisung in die Psychiatrie sorgte. Bei so viel Dissidenz war der Weg vorgezeichnet, also kein Studium, sondern Verbannung in die Arbeiterklasse (Lagerist, Kohlenträger), ausgegeben als erzieherische Maßnahme. Ob Jáchym Topol wirklich der ›Star des Underground‹ war, als den ihn die biographischen Abrisse apostrophieren, kann dahingestellt bleiben. Es spricht jedenfalls für seine Unerschrockenheit, der Rockband von Bruder Filip Texte zu liefern oder 1985 eine Literaturzeitschrift mit dem streitbaren Namen *Revolver Revue* zu initiieren. Die Wende war auch für den Autor Topol eine, er wendete sich der Prosa zu. Sein *Engel Exit* (2000 verfilmt, Regie Vladimír Michálek) erinnert partienweise an Trash-Literatur. Das Ineinandergreifen von Untergrund und Underground und dem Wegfall des Untergrunds nach 1989 gehören zu den wenig erörterten Aspekten der Systemkehre. Immerhin wunderte sich mancher Besucher aus dem Westen, wie schnell sich das Prager Zentrum mit Jugend bevölkerte, die vom Outfit wie von den Accessoires den Verweigerern ihrer Heimatländer glichen. Aufs zähe Überleben des ›alten Prag‹ in den Köpfen der Touristen nimmt auch dieser Roman keine Rücksicht, hier geht es um das triste Milieu der Kleinkriminellen und Drogenabhängigen, die, wenn überhaupt, nur an den trostlosen Rändern der Stadt

eine Bleibe haben. Die zufällige Erfindung einer Wunderdroge durch den seinerseits ständig berauschten Jattek löst eine wilde Jagd der kriminellen Drogenszene nach ihm aus, seine Freundin wird entführt, um ihn zur Kooperation zu zwingen. Zu Topol gehört der Showdown, in dem sich der ›Held‹ seiner Gegner entledigt. Die Sprache hat viel Mündliches (das spiegelt die Wiedergabe des Prager Slangs als Berliner Dialekt wider, eine Verlegenheitslösung des Übersetzers), aber sie ist zur Literatur hin durchlässig, mancher Rezensent fühlte sich an die Bilderflut und -wut des Expressionismus erinnert. So gerät der Text zuweilen aus den Fugen, lässt jedoch stets das Potential des Autors erkennen. Topols vorläufig letzter Roman *Zirkuszone* (deutsch 2007) gerät auf der Handlungsebene immer mehr ins wild Phantastische. Da wird ein Waisenkind 1968 von einem sowjetischen Panzerregiment als »Sohn der Kompanie« adoptiert und kämpft gegen sein unerschütterlich widerständiges Volk, mitten drin der DDR-Staatszirkus, eine völlig groteske Nummer. Ein großer Teil des Geschehens ist um den auch real existierenden Ort Sirim situiert, also jenem ländlichen Zürau, in dem der lungenkranke Franz Kafka 1917/18 Zuflucht suchte und fand – von seiner zeitweiligen Verstörung durch anwesende Mäuse einmal abgesehen. Auch bei diesem Werk fällt auf, dass Topols Schreiben – bei mancher Verweigerung epischer Konventionen – sehr wohl zur Literatur drängt. *Zirkuszone* steckt voller Anspielungen und parodistischer Brechungen. Nicht zuletzt untermauert diese Artistik den Standpunkt, dass Jáchym Topol die interessanteste Figur der (übersetzten) jüngeren Literaturszene ist.

AM GRAB HERMANN UNGARS. Die Grabplatte auf dem Friedhof von Prag-Smíchov (Hřibitov Malvazinky) verzeichnet nur Namen, Geburts- und Todesjahr.

Schon lange litt der Verstorbene unter Blinddarmreizungen, doch als endlich der operative Eingriff erfolgte, konnten die Ärzte sein Leben nicht mehr retten. Kurz zuvor war im gleichen Krankenhaus auch die Mutter des Dichters verstorben. Hermann Ungar (1893–1929), im jüdischen Ghetto der mährischen Stadt Boskovice geboren, litt zeitlebens unter fast allen denkbaren Varianten der Existenzangst. Liberal erzogen, schloss er sich schon als Mittelschüler national-jüdischen Verbindungen an, zuletzt an der Prager deutschen Universität der ›Barissia‹. In Prag beendete er 1918, noch während des Ersten Weltkriegs, sein Jura-Studium mit dem Doktor beider Rechte. Zuvor war Ungar, Offizier der k. u. k. Armee, an der galizischen Front schwer verwundet worden. Offenbar haben die traumatischen Kriegserlebnisse sein Schreiben stark beeinflusst, nach Auskunft der Freunde besaßen seine früheren Werke eher epigonalen Charakter. Bald nach Kriegsende versuchte er, sich als freier Schriftsteller zu behaupten, aber vergeblich. Es folgte ein kurzes Zwischenspiel als Dramaturg am Stadttheater Eger und ein noch kürzeres als Bankbeamter in Prag. Eine bessere Perspektive bot zweifellos der Wechsel in den Staatsdienst, Anfang 1921 ging Ungar an die Botschaft der Tschechoslowakischen Republik nach Berlin. 1920 war sein schmaler Erzählband *Knaben und Mörder* erschienen, den Stefan Zweig und Thomas Mann fast enthusiastisch besprochen hatten. »Dies kommt aus der Fülle«, lautete das Resümee des vom Autor sehr verehrten Thomas Mann. Ungars folgende Romane *Die Verstümmelten* (1922) und *Die Klasse* (1927) nahm ›der Zauberer‹ sehr viel reservierter auf, und in der literarischen Öffentlichkeit machten sie Skandal. Sein Drama *Der Rote General* (1928 in Berlin uraufgeführt) wurde gelobt und verrissen, nach der Premiere seiner Komödie *Die Gartenlaube* ließ sich der Berliner Großkriti-

ker Alfred Kerr zu dem Appell hinreißen: »Geht hinein – und seht, was wir verloren haben.« Ihr Verfasser hatte die Aufführung nicht mehr erlebt; Ungar, dem natürlich auch die Hypochondrie zu schaffen machte, war in einem Prager Krankenhaus gestorben, Todesursache: eine verschleppte Blinddarmentzündung. Doppelte Ironie: Kurz zuvor war er aus dem Staatsdienst ausgeschieden, hatte sich endgültig entschlossen, nur noch fürs und vom Schreiben zu leben. Als 1930 der nachgelassene Band *Colberts Reise* erschien, bemerkte sein Förderer Thomas Mann: »Nachträglich ist mir, als hätte ich das Todgeweihte in Hermann Ungars Kunst und Wesen immer gespürt.« Im Falle dieses Autors gibt es besonders energische Bemühungen, allen voran die Ausgabe seiner Gesammelten Werke, ihn nicht wieder in Vergessenheit geraten zu lassen.

UNGARS ROMAN DIE VERSTÜMMELTEN.

Schon in den 1920er Jahren fragten sich die Literaturkritiker, ob sich die gebürtigen Mährer unter den Prager deutschen Dichtern identifizieren ließen. Otto Pick wollte bei ihnen »einen schwermütigeren Unterton« heraushören, außerdem eine »Neigung zum Exakten, zur Sachlichkeit, zur prägnanten Objektivität«. Zumindest für Hermann Ungar trifft letzteres unbesehen zu, nur grenzt dieser Gesichtspunkt auch den in der Wolle gewaschenen Prager Franz Kafka von vielen seiner dichtenden Mitbürger ab. Womöglich spielt ja auch ganz im Hinterkopf eine Rolle, dass der zu einem Markenzeichen des Prag-Tourismus geworden ist: Jedenfalls wirbt Boskovice mit Hermann Ungar als ›mährischem Kafka‹. Zumindest sein Roman *Die Verstümmelten* lässt an Kafka denken, vor allem an seinen *Proceß*. Im Übrigen ist nicht ohne Reiz, zeitgenössische Rezensenten anzuführen: Stefan Zweig, von *Knaben und Mörder* noch

durchaus angetan, fühlte sich hier von »Miasmen der Seele« bedrängt, war hin- und hergerissen: »großartig und grauenhaft, anlockend und widerlich«. Otto Flake, selbst ein angesehener Romancier, nannte *Die Verstümmelten* rundheraus eine »Utopie des Gemeinen«. Auch wohlwollende Kritiker sprechen von quälender Lektüre, eine Leseerfahrung, die sich auch heute noch bestätigen lässt. Die immer tiefere Abhängigkeit von seiner Zimmerwirtin, in die der Bankbeamte Franz Polzer gerät, verursacht beim Leser einiges Unbehagen, zumal die fürchterliche Beziehung seines wohl syphilitischen, todkranken Jugendfreundes Karl Fanta zu seiner Frau eine heftige Parallelaktion darstellt. Es ist gar nicht einmal die »Sexualhölle« (Thomas Mann), die wirklich grandios unappetitlichen Begegnungen der Geschlechter, die so verstören, sondern die völlige Handlungsunfähigkeit des Protagonisten. Sie macht ihn zum Werk- oder auch nur Spielzeug in den Händen der anderen. Die Deutung liegt nahe, dass diese allseitige Gehemmtheit in Polzers uneingestandener Homosexualität gründet. Übrigens hatte Hermann Ungar vor, diesen Roman in der Ich-Form zu schreiben. Biographische Details scheinen durch, und natürlich kann hier gesagt werden, dass *Die Verstümmelten* auch ein Prag-Roman sind. Aber die Örtlichkeiten finden doch nur nebenbei Erwähnung, eine skizzierte Kulisse, die selbst im Fall des idyllischen Baumgartens oder von Schloss Troja nie ausgemalt wird. Stimmungsvolle Naturbilder wären fehl am Platz in einem Werk, das vom alles zermalmenden Gang der Handlung bestimmt wird.

DER FRÜHESTE PRAG-ROMAN. Es ist nicht einfach, die *Historia von Isaac Winckelfelder und Jobst von der Schneid* (Augsburg 1617, Reprint 1983) einzuordnen. Über ihren Verfasser Niclas Ulenhart lässt sich nichts weiter

sagen – manche sehen in ihm ein Mitglied der Hofkanzlei Kaiser Rudolfs II. – und bis heute ist ungeklärt, ob es sein wirklicher Name war oder ein Pseudonym. Seine Geschichte modelt eine Cervantes-Novelle (*Rinconete y Cortadillo*) um, stimmte sie aber so genau auf die Prager Verhältnisse und Örtlichkeiten ab, wie es nur ein Kenner dieser Stadt tun konnte. Die beiden »Störtzer« kommen über den Hohlen Weg (heute Uvoz) auf die Prager Kleinseite und finden bald Anschluss an die »wunderseltsame Bruderschaft« des Zuckerbastel. Natürlich wird die Residenz des gesamten Habsburger Reiches, denn das Prag war zur Zeit der ›Historia‹, auch viele Gauner angezogen haben. Die Eingesessenen zeigen sich zum Erstaunen der Zugereisten gut organisiert: »Ist es dann in dieser Statt der Gebrauch, dass wann einer sich mit Stehlen in Ehren ernähren will, dass er sich zuvor um Erlaubnis bei der Obrigkeit anmelden, und also gleichsam cum facultate & licentia Superiorum handeln muss?« Das Motiv der Verkehrten Welt wird noch über die Vorlage hinaus geführt. In der Gemeinschaft des Zuckerbastel gehen nicht nur die Angehörigen der einzelnen Nationen – Tschechen, Deutschen und Italiener –, sondern auch die Mitglieder der verschiedenen Bekenntnisse friedlich miteinander um. Das hat fast den Anschein einer konkreten Utopie, hält jedenfalls ganz deutlich die Situation im Vorfeld des Dreißigjährigen Krieges gegenwärtig. Ulenharts *Historia* blieb nicht ohne Wirkung, wie schon der Verweis auf »des Zuckerbastels Zunfft zu Prag« im *Simplicius Simplicissimus* des Hans Jacob Christoffel von Grimmelshausen zeigt. Und wer sich einmal in das weitläufige Barockdeutsch dieses Buchs eingelesen hat, wird seine Qualitäten entdecken und besonders die Verbindung von gravitätischem Kanzleistil und sublimer Ironie zu schätzen wissen.

KAREL HYNEK MÁCHA. Denkmäler nimmt ein stets eiliger Hauptstädter bestenfalls zerstreut zur Kenntnis. In Prag aber sind (oder waren doch bis vor kurzem) einige Monumente keineswegs nur eine Sache des Augenwinkels. Noch heute werden junge Frauen gelegentlich unter das Reiterstandbild des hl. Wenzel auf dem gleichnamigen Platz gebeten, weil dessen Beistand einem Heiratsantrag die nötige Dringlichkeit verleiht. Noch populärer war das Denkmal des Dichters Karel Hynek Mácha (1810–1836) auf dem Petřín, deutsch Laurenziberg. Hieß es doch, ein Mädchen müsse unter Máchas Bildnis geküsst werden, andernfalls werde ihr Liebreiz binnen Jahresfrist vergehen wie Schnee in der Sonne. Einmal ganz abgesehen davon, dass diese Geschichte so gar nichts über das Schicksal der ungeküssten Männer weiß: das Leben Máchas gibt wenig Anlass zu derart romantischer Wirkmächtigkeit über den Tod hinaus. Auf der Kleinseite geboren, entstammte er den so genannten kleinen Verhältnissen. Dennoch konnte er das Gymnasium besuchen und an der Karlsuniversität ein Jurastudium abschließen. Vom 19-jährigen sind erste Gedichte bekannt, einige davon schrieb er noch auf deutsch. Böhmen lernte er auf seinen Wanderungen kennen, eine Fußreise führte ihn sogar nach Italien. Wie andere Romantiker nahm er leidenschaftlich für die polnischen Freiheitskämpfer Partei, nach ihrem Scheitern (1830) setzte er sich in seiner Heimat für die vertriebenen Widerständler ein. Gerade hatte der Dichter zur Sicherung einer bürgerlichen Existenz eine Stelle im nordböhmischen Litoměřice (Leitmeritz) angetreten, da erkrankte er. Kurz vor Erreichen seines 26. Lebensjahres starb Mácha (wahrscheinlich an Cholera). Ein früher, sehr früher Tod, und es ist ein schwacher Trost, dass er dieses Schicksal mit manch anderem Romantiker teilte. Es wiegt in seinem Fall besonders schwer, weil er die Literatur-

tauglichkeit des Tschechischen glanzvoll unter Beweis stellte – zu einer Zeit, die seine Landessprache immer noch als ›Barbarenidiom‹ schmähte. Wie selbstverständlich unterrichteten Schule und Universität auf deutsch, folglich hatte Mácha zur deutschsprachigen Literatur die engsten Beziehungen. Aber ganz sicher las er auch den damals höchst populären Walter Scott, darauf lässt seine Erzählung *Křivoklad* (Burg Pürglitz) schließen. Sie spielt zur Zeit König Wenzels, also um die Wende vom 14. zum 15. Jahrhundert, dennoch lässt der historische Faltenwurf keinen Zweifel an der modernen Befindlichkeit des Autors. Hier wie in anderen Arbeiten fällt seine intensive Auseinandersetzung mit dem Tod ins Auge. Sein heftiger Zweifel an einem ewigen Leben geht weit über die romantische Konvention hinaus.

MÁCHAS MAJ. Zu Lebzeiten des Dichters wollte niemand das verlegerische Risiko tragen. Mácha ließ seinen *Maj* (entstanden im Winter 1835) auf eigene Kosten drucken, bescheidene 600 Exemplare, von denen er immerhin 350 losschlagen konnte. Nach Máchas Tod jedoch erlebte das Poem bis heute über 200 Auflagen. Im Zentrum seiner 824 Verse steht ein »Herr des Waldes«, ein Räuberhauptmann, der schon bei Einsetzen der »Handlung« gefangen ist und seine Hinrichtung erwartet. Aber das Todesurteil erging nicht wegen irgendwelcher Verbrechen in Ausübung seines Räuberhandwerks. Vielmehr hat er den Verführer seines Mädchens umgebracht und dann erst im Ermordeten den eigenen Vater erkannt. Das hört sich nach einer wirklichen Räuberpistole an, die außerdem nicht mit den Zutaten des Schauerromans spart: Ein Friedhof als Schauplatz fehlt ebenso wenig wie ein Chor der Geister. Nur wird aus keiner Inhaltsangabe hervorgehen, warum dieses Werk so viele Leser anzog, warum sich fast jeder Literaturwissenschaftler

von Rang an ihm abgearbeitet hat. Eher gibt der Titel Aufschluss. Denn das Geschehen ist nur Folie für die Naturschilderungen Máchas, für ihre suggestive Bildlichkeit. Sie entspricht allerdings nicht den allgemeinen Erwartungen an den Mai, sondern hat entschieden einen Zug ins Düstere. Vor allem aber fasziniert Máchas artistischer Umgang mit der Sprache, in der sich noch die Avantgardisten des Devětsil wiedererkennen sollten. Auch in den Augen der Literaturkritik machte dieser *Maj* seinen Verfasser zum bedeutendsten tschechischen Dichter des 19. Jahrhunderts.

GUSTAV MEYRINK. »Die Stadt, die ich meine, ist das alte *Prag*.« Eigentlich hätte hier das Eigenschaftswort »alte« kursiv gesetzt werden müssen. Zumindest im Prag seiner Romane stehen die Türen zur Vergangenheit besonders weit offen. Als die Stadt für Meyrink noch Gegenwart war, musste er sich freilich mit äußerst lästigen Realitäten auseinandersetzen. Als Fünfzehnjähriger war er an die Moldau gekommen, hatte früh den Exzentriker herausgekehrt und bald in der Prager Boheme einen großen Ruf. Dabei zeigte er durchaus geschäftliches Talent. Mit dem Neffen Christian Morgensterns eröffnete Meyrink ein Bankhaus, das manche wegwerfend eine bloße Wechselstube nannten. Doch selbst in Böhmen vertrugen sich die Rollenbilder von Bohemien und Bankier nur schlecht. Das deutschprager Establishment spielte Meyrink übel mit, zuletzt lancierte es eine Klage wegen Veruntreuung von Geldern. Vor Gericht erwies sich die Haltlosigkeit der Beschuldigungen, aber wirtschaftlich war der Freigesprochene in Prag erledigt. 1903 ging er nach Wien, doch blieb die Stadt an der Moldau eine Art produktives Trauma. »Sie ist nie mehr ganz von mir gewichen; sie senkt sich heute noch auf mich herab.« Bei Meyrink führt solche Wortwahl stracks zum Kernbegriff

des Gespenstischen und literarisch keineswegs nur zum *Golem* (s. S. 41). Nachdem der es in nur zwei (Kriegs-)Jahren auf 145.000 Exemplare gebracht hatte, gab es einen doppelt guten Grund, 1917 einen weiteren Prag-Roman ›nachzulegen‹. Denn als Kulisse eines unheimlichen Geschehens hatte die Stadt ja nicht nur das alte Ghetto zu bieten. »Stundenlang bin ich oft in hellen Mondscheinnächten auf der Kleinseite – dem Stadtviertel jenseits der Moldau, der Herzkammer Prags – umhergewandelt, jedes Mal habe ich mich verirrt.« *Walpurgisnacht* heißt die Frucht dieses Umherwandelns, ein laut Untertitel ›phantastischer Roman‹, dessen adliges Personal sich weigert, überhaupt die Karlsbrücke zu betreten, geschweige denn in die Viertel rechts der Moldau einen Fuß zu setzen. Als ein Hofrat die andere Seite der Prager Stadt aufsucht, fragt ihn die abendliche Whistrunde fassungslos: »›Was? Unten? In der Welt? In Prag?‹« Allerdings bricht die Gegenwart trotzdem herein, das Werk spielt zeitnah im Ersten Weltkrieg, wie es auch keinen Zweifel daran lässt, dass das Schicksal dieser Adelsgesellschaft besiegelt ist. Eine wild entschlossene Verschwörerschar gibt es ebenfalls, wenngleich deren Vorstellungen vom Umsturz weit auseinandergehen. Im Übrigen folgt *Walpurgisnacht* der bewährten Rezeptur des Autors: »Wollust, Grauen und Entsetzen«. Auch hier ist die Kolportage stets gegenwärtig, aber er setzt auch köstliche Satireschiffchen auf den Handlungsfluss. Die Walpurgisnacht schließlich ist eine wilde Aufstandsmixtur, die eine Inkarnation König Ottokars II. und eine Jan Zizkas Seite an Seite kämpfen lässt. Die Intervention des Militärs beendet schließlich diesen Spuk im wahrsten Sinn des Wortes. Am Ende hat der geneigte Leser zwar über ein paar verquaste okkultistische Exkurse den Kopf geschüttelt, aber trotzdem das zwiespältige Gefühl, sich unter seinem Niveau gut unterhalten zu haben. Überdies ist

Meyrinks Roman so reich an Prager Örtlichkeiten (immer links der Moldau), ja an Pragensia überhaupt, dass die Lektüre schon deswegen lohnt.

PAVEL KOHOUTS BURGNAHE ADRESSE. Das autobiographische Erzählen hat in der tschechischen Literatur Tradition. Sein Ineins von dokumentarischer und fiktiver Strategie gibt dem Text etwas Undurchschaubares, erlaubt, von der eigenen Person zu sprechen und gleichzeitig Distanz zu ihr zu halten. Einigermaßen unbefangen kann aus der Perspektive des Geschehens, der Handlung erzählt werden, und sie rückt das Ich oder das Wir des Romans nur zwangsläufig in den Mittelpunkt. Pavel Kohout geht noch einen Schritt weiter und besetzt »die Titelrolle in diesem Trauerspiel« mit einem Dackel. Sein Roman *Wo der Hund begraben liegt* (1987) erzählt die Zeit vom Winter 1972 bis zum 28. Oktober 1978, dem Tag der Ausreise aus der Sozialistischen Republik Tschechoslowakei. Spielorte sind diverse Adressen in Prag und das Kohoutsche ›Sommerhaus‹ in Sazava. Es ist die Geschichte einer fortgesetzten Repression, in deren Verlauf der Autor und (zweite) Ehefrau auch die Wohnung am Hradčanské náměstí räumen müssen, im sogenannten Kleinen Schwarzenbergpalais (Nr. 1). Die Geschichte dieser rund sechs Jahre hat Kohout dank seiner Tagebuchaufzeichnungen detailliert aufblättern können. Und die Eindringlichkeit des Romans verdankt sich nicht zuletzt dieser Detailliertheit. Die Enttäuschung über den Kotau Bohumil Hrabals (s. S. 59 ff.) im Winter 1975, die Freude an der Standhaftigkeit eines Václav Havel werden ebenso greifbar wie die kleineren und größeren Anschläge seitens der Staatssicherheit. Der gebürtige Westler liest fassungslos, welch kolossalen Aufwand die staatlichen Organe beim Überwachen der Dissidenten trieben, welch gewaltige

Verschwendung auch wirtschaftlicher Ressourcen diese umfassende Kontrolle bedeutete. Und beim Bekanntwerden der ›Charta 77‹ verschärft sich die Lage noch einmal, die ironische Distanz lässt sich nicht immer durchhalten. Dabei gelingen der Staatsmacht auch schrille Grotesken wie der Auftritt des »Odeurologen«. Er soll den Körpergeruch der Abtrünnigen einfangen und schwärmt von diesem neuen, revolutionären Verfahren zur Verbrechensbekämpfung. Kohout erreicht in dieser Prosaarbeit hohe Präsenz. Die Effektsicherheit dieses Autors, die ihn bei seinen Theaterstücken des Öfteren auf den Holzweg der Beliebigkeit führt, sie gewinnt hier eine ganz andere Qualität, schlägt um beklemmende Genauigkeit. *Wo der Hund begraben liegt* ist auch heute noch eine bewegende Lektüre.

MASARYK UND DIE ›BURG‹ DER LITERATEN.

Mit Václav Havel (s. S. 73 ff.) wurde nicht nur ein standhafter Regimekritiker, sondern auch ein wirklicher Dichter Staatspräsident, übrigens sowohl letzter der Tschechoslowakischen als auch (nach Trennung beider Landesteile) erster der Tschechischen Republik. Viel geschrieben hat der »Präsident-Befreier« Tomáš Garrigue Masaryk (1850–1937) ebenfalls, nur war Masaryk kein Dichter. Aber lange bevor irgendjemand voraussehen konnte, dass er einmal das höchste Staatsamt einer unabhängigen Tschechoslowakei bekleiden sollte, hat er das literarische Leben beeinflusst, besonders stark mit seiner Parteinahme im Handschriftenstreit (s. S. 108 f.). Der Sohn eines tschechischen Vaters und einer deutsch-mährischen Mutter kam aus den sogenannten kleinen Verhältnissen, aber er konnte studieren, wurde in Wien als Philosoph promoviert und habilitiert. 1882 ging er nach Prag an die eben gegründete Tschechische Universität. Allerdings dauerte es geraume

Zeit, bis aus dem außerordentlichen 1896 ein ordentlicher Professor wurde. Dazwischen lag eben seine Mitwirkung an dem Nachweis, dass der Zeitgenosse Hanka seine uralten Zeugnisse tschechischer Kultur gefälscht hatte. Womöglich noch mehr öffentliche Entrüstung zog sein Eintreten für Leopold Hilsner nach sich. Der jüdische Schustergeselle war wegen Ritualmords bis in die höchste Instanz zum Tode verurteilt worden, Masaryk erwies die Haltlosigkeit des Richterspruchs. Nun traf ihn der ganze Zorn eines antisemitisch unterfütterten Chauvinismus, tschechische Studenten erzwangen den Abbruch seiner Vorlesungen. Die antijüdische Presse verglich Hilsner mit Dreyfuss, schmähte Masaryk folglich als tschechischen Zola; und das, obwohl der den Werken des Franzosen keineswegs zugetan war. Damit sind wir beim Literaturkritiker, der einerseits die Naturalisten überhaupt wenig schätzte, andererseits aber auch das Wortgeklingel der heimischen »Parnassisten« ablehnte. Einem der ihren, dem ungeliebten Jaroslav Vrchlický, rieb er genüsslich fehlerhafte Stellen in dessen Faust-Übersetzung unter die Nase. Eine außerordentlich hohe Meinung hatte er dagegen von Goethe und den Russen Dostojevskij und Tolstoj.

Bei aller Kritik an einzelnen Autoren maß er der Literatur selbst einen hohen Stellenwert zu. Folgerichtig sind die Schriftsteller in jenem sagenumwobenen Kreis vertreten, der meist nur ›die Burg‹ genannt wird. Ihm galt das höchste Misstrauen vieler Beobachter; sie witterten eine Art Geheimkabinett, gar eine »Maffia«, die am Parlament vorbei die Richtlinien der Politik bestimmen wolle. Zur ›Burg‹ gehörten auch Politiker, Industrielle und Finanzmagnaten; aber den Kern dieser Gruppe bildeten die ›Pátečníci‹, »Freitagsmänner« nach dem Tag der Zusammenkunft genannt. Und hier gab die schreibende Zunft den Ton an.

Meist fanden die Treffen in der Villa von Karel und Josef Čapek statt, wo sich der Präsident erstaunlich oft einfand. Er scheute dazu einen ausgedehnten Fußmarsch nicht: der Weg von seinem Amts- zum Wohnsitz der Brüder führte quer durch Prag in den Stadtteil Vinohrady (s. S. 139 ff.). Karel Čapek galt als der engste Vertraute des Staatspräsidenten, sein Buch *Gespräche mit Masaryk* legt davon Zeugnis ab. Zu den ›Freitagsmännern‹ (es waren tatsächlich nur Männer) gehörte auch František Langer. Er hatte 1925 mit seinem Drama *Peripherie* einen großen Theatererfolg gefeiert und war nach dem Hausherrn Karel der bedeutendste Stückeschreiber des Landes. In seinem 1963 erschienenen Erinnerungsbuch *Byli a bylo* hat er unter anderem Jaroslav Hašek ein höchst eindrucksvolles Denkmal gesetzt. Von seinem zwei- bzw. dreisprachigen Bruder Jiří Mordechai (1894–1943) zeigte sich Franz Kafka ziemlich beeindruckt, 1915 hält er in seinem Tagebuch mehrere Einlassungen dieses Langers fest. Haartracht und Kleidung von Jiří, dem Jünger eines Wunderrabbis und Anhänger des Chassidismus, erregten damals einiges Aufsehen. Regelmäßig besuchte der hierzulande wenig bekannte Karel Poláček (1892–1944) die freitäglichen Treffen bei den Čapeks. In seinem Fall führt das Etikett Unterhaltungsschriftsteller leicht zu Missverständnissen, denn Poláček schrieb keineswegs seichte Literatur. Vor einigen Jahren erschien sein Roman *Bylo nás pět* unter dem Titel *Wir fünf und Jumbo* auf deutsch. Hier treibt eine Bande wilder Jungs in einer tschechischen Kleinstadt ihr Wesen, natürlich zur hellen Empörung der ausgewachsenen Bürger. Als der Jude Poláček dieses Buch schrieb, musste er schon jeden Tag mit seiner Deportation rechnen, wenig später kam er in Auschwitz um. Eine gewandte Feder führte der Freitägler Ferdinand Peroutka (1895–1978), der gute Kontakte zu pragerdeut-

schen Literaten hatte und auch schon mal gerne zu den
›Arconauten‹ (s. S. 89 f.) stieß. Erwähnung soll hier auch
noch Vladislav Vančura finden, der einzige Kommunist des
Clubs. Wie der Präsident selbst hielten dessen Mitglieder
Distanz zu den Heilsversprechen der neuen Lehre, und für
die Vertreter der Orthodoxie innerhalb der Kommunistischen Partei musste ein Kreis wie die ›Burg‹ natürlich ein
gefundenes Kritikfressen sein.

KAISER RUDOLF II. 1582 verlegte Rudolf II.
(König von Böhmen und Kaiser 1576–1611, gestorben 1612)
seine Residenz an die Moldau, die Stadt war jetzt Zentrum
des Heiligen Römischen Reiches deutscher Nation. Bedeu-
tende Kunstausstellungen der letzten Jahrzehnte haben das
Prag dieser Zeit und die Gestalt Rudolfs gewürdigt. Aber
dieser Kaiser inspirierte auch die Poeten. Weil die Überlieferung ihm ein besonders enges Verhältnis zu den Alchemis-
ten unterstellte, ging er sogar als ›kaiserlicher Adept‹ in die
populäre Literatur ein. Und noch die Heldin von Karel
Čapeks Komödie *Věc Makropulos* (s. S. 117) verdankt ihr
ewiges Leben einem Elixier, das der Leibarzt des Kaisers
erfunden hat. Der Herrscher selbst steht im Mittelpunkt
des Stücks *Král Rudolf* (1916) des Jiří Karásek ze Lvovic
(1871–1951), der ihm die Worte in den Mund legt: »Ach, ich
möchte eindringen in die Geheimnisse des Unerforschli-
chen um uns her!« Dass der Kunstkenner und -sammler
Karásek zu Rudolf eine besondere Affinität hatte, leuchtet
ein. Schon die Zeitgenossen des Kaisers erzählten sich Mär-
chenhaftes von seinen Kunst- und Wunderkammern, als
Kunstvernarrten zeigt ihn Max Brods Roman *Tycho Brahes
Weg zu Gott.* Und natürlich lässt sich auch Gustav Meyrink
eine derart konnotierte Gestalt nicht entgehen. Sein Roman
Der Engel vom westlichen Fenster (1927) zeichnet Rudolf als

»unwürdigen Adepten« und ein Porträt des Kaisers, in dem – meyrinktypisch – das namhafte Kennzeichen einer Habsburger Physiognomie überbetont wird. »Sein fast schon zahnloser Mund ist dünn gefaltet. Nur die schwere Unterlippe hängt schlaff und bläulich über dem harten Kinn. – Sein Raubvogelblick überfliegt uns.« Der Roman *Nachts unter der steinernen Brücke* von Leo Perutz zeigt vor allem den körperlich wie geistig zerrütteten Rudolf. Alle diese Autoren konnten sich aus dem Fundus des Hören-Sagens bedienen, der reiches Material für ihre Bühne des Erzählens bot. Im Übrigen hätten sie auf das klischeehafte Bild des Kaisers verweisen dürfen, wie es auch die Historiker lange Zeit pflegten. Nur wird ihre Darstellung der Komplexität dieser Persönlichkeit nicht gerecht. Sehr viel mehr Tiefe gibt ihr Franz Grillparzer. Sein Rudolf steht im Zentrum des Trauerspiels *Ein Bruderzwist in Habsburg* (erst nach dem Tod Grillparzers 1872 veröffentlicht und im gleichen Jahr uraufgeführt). Bruder und Gegenspieler Matthias erscheint als Inkarnation der Kräfte, von denen Rudolf die Welt- als göttliche Ordnung gefährdet sieht. Ihnen will er sein Kaisertum entgegenhalten, weil es allein über allen partikularen Interessen steht. Doch angesichts der zahlreichen Konflikte reicht die Repräsentation nicht mehr, von allen Seiten sieht sich Rudolf zum Eingreifen aufgefordert. »Ich weiß den Inhalt dieser Manifeste: / Dass ich, ein alter Mann, an Willen schwach, / Entziehe mich dem Reich und seinen Sorgen; / Indes mich das Gespenst der blut'gen Zukunft / Verfolgt bis in mein innerstes Gemach.« Einen weiteren Gesichtspunkt kann Rudolf zu seiner Rechtfertigung anführen: »Dazu noch das Bewusstsein, dass im Handeln, / Ob so nun oder so der Zündstoff liegt, / der diese Mine donnernd sprengt gen Himmel.« Nur kann auch sein Be- und Verharren die verhängnisvolle Entwicklung nicht aufhalten. Rudolf

resigniert und Matthias regiert. Doch seine Herrschaft führt in den Dreißigjährigen Krieg (am 23. Mai 1618, dem Jahrestag seiner Krönung, ereignet sich der Prager Fenstersturz). Des Öfteren ist dieses Drama als Grillparzers politisches Testament bezeichnet worden. Viele Interpreten glauben, aus diesem Rudolf spreche der Autor selbst. Und über die Zeit des Bruderzwistes hinaus verweist das Stück auch auf das gegenwärtige Österreich, das zum Spielball der Geschichte zu werden droht.

PŘEMYSL OTAKAR II.

»Ich habe den Mann aufrichtig um Verzeihung gebeten, wenn ich ihm irgend worin Unrecht getan haben sollte«, vermerkt Grillparzer am 24. August 1826 in seinem Tagebuch. Einen Tag zuvor hatte er festgehalten, welchen Mann er meinte: »Ich kam mit einer Art Vorurteil gegen Prag hier an. Das wahrhaft läppische Missverstehen meines ›Ottokar‹, die lächerliche Wut, in welche der beschränkte Nationalsinn der hiesigen Einwohnerschaft über dieses unschuldig gemeinte Stück geriet, hatte mich ungünstig vorbereitet.« Nun steht er im Veitsdom am Sarkophag Přemysl Otakars II. (König von Böhmen 1253–1278), der vielleicht sogar von der Hand des Dombaumeisters Peter Parler stammt, und bekundet dem Herrscher Respekt: »Übrigens zeichnet sein Grab nichts aus, und er liegt ununterschieden unter den Spitigneven und anderen Tröpfen, vor denen er so ausgezeichnet war.« Der Ausgezeichnete ist die Titelfigur von Grillparzers Trauerspiel *König Ottokars Glück und Ende* (1825 in Wien uraufgeführt), wobei das Glück ein trügerisches ist und Ende ein trauriges. Nach glänzenden militärischen und politischen Erfolgen scheint Ottokars Aufstieg zu höchsten Ehren unausweichlich. Aber ihm ist sein Ruhm zu Kopf gestiegen und er brüskiert die Vertreter des Reiches. Statt seiner wird

nun Rudolf von Habsburg zum Kaiser (historisch korrekt: König) gewählt. Ottokar kann diese Niederlage nicht verwinden und sucht eine Entscheidung auf dem Schlachtfeld. Dort findet er den Tod und der rechtmäßige Herrscher Rudolf zu einer versöhnlichen Geste: er breitet das Zeichen seiner Herrschaft über dem Leichnam seines Widersachers aus: »Den Kaisermantel, dem du nachgestrebt, / Ich nehm ihn ab und breit ihn über dich, / Daß als ein Kaiser du begraben werdest, / Der du gestorben wie ein Bettler bist.« Die tschechischen Nationalisten betrachteten diese Abstrafung ›ihres‹ Königs ausgerechnet durch einen Habsburger als Affront. Doch dem Autor ging es um den exemplarischen Fall, außerdem spielt die Figur des Ottokar deutlich auf Napoleon an. Grillparzer ist überzeugt, dass der Niedergang des einen wie des anderen mit der – unrechtmäßigen – Trennung von ihrer ersten Frau beginnt. Am Sarg dieser ersten Frau kommt Ottokar zur späten Einsicht, und kurz vor seinem Tod findet er zu schonungsloser Selbstkritik: »Wer war ich Wurm? Daß ich mich unterwand, / Den Herrn der Welten frevelnd nachzuspielen, / Durchs Böse suchend einen Weg zum Guten.« Diese Erkenntnis seiner Verblendung ist Ottokars Größe, sie zeichnet ihn aus vor »den Spitigneven und anderen Tröpfen«.

DIE WENZELSKAPELLE. Ein heutiger Besucher des Veitsdoms hat diese Möglichkeit nicht mehr, doch Apollinaire konnte sich in der Wenzelskapelle noch gründlich umschauen. Größte Attraktion war auch damals die kostbare Wandverkleidung des Raums mit Halbedelsteinen. Sein Cicerone zeigt dem Ich-Erzähler des *Prager Spaziergängers* (s. S. 35 f.) einen bestimmten Amethysten, aus dessen Maserung sich die Züge Napoleons herauslesen lassen. Aber zu seiner Bestürzung erkennt sich der Erzähler selbst: »»Das ist

mein Gesicht!‹ rief ich aus. ›Es sind meine düsteren, eifer-
süchtigen Augen!‹ [...] Wir mussten hinausgehen. Ich war
bleich und unglücklich, weil ich mich als Irren gesehen
hatte, ich, der ich nichts so sehr fürchte, wie verrückt zu
werden.« Diese Szene kehrt auch in *Zone*, dem Eingangs-
gedicht der Sammlung *Alkohol* wieder. Die apollinaire-
begeisterten tschechischen Avantgarde-Autoren unternah-
men, obwohl meist Atheisten, regelrechte Wallfahrten zum
Veitsdom, immer auf der Suche nach jenem Stein, der das
Antlitz des verehrten Dichters trug.

KAFKA IM GOLDENEN GÄSSCHEN. Während
der Hochsaison herrscht auf diesem schmalen Gehweg ein
unvorstellbares Gedränge. Die Anziehungskraft dieses Goldenen Gässchens, gern auch Alchemistengässchen genannt,
zählt zu den rätselhaftesten Phänomenen des Prag-Tourismus. Es kann doch nicht nur am Namen oder an den put-
zigen Häuschen liegen. Denn dass in der Nummer 20 Franz
Kafka die Winternächte 1916/1917 zubrachte, wird kaum
Gegenstand eines derart gewaltigen Interesses sein. Für
Kafka war die abgelegene, stille Bleibe ein idealer Ort zum
Schreiben. Natürlich hatte er diese Unterkunft nicht selbst
entdeckt, sondern seine Schwester Ottla. Ottla, die der
Dichter nun scherzhaft »meine Hausherrin« nennen wird,
hatte das Häuschen im November angemietet und dem
Bruder Ende des Monats überlassen. »Es ist etwas Besonde-
res, sein Haus zu haben, hinter der Welt die Tür nicht des
Zimmers, nicht der Wohnung, sondern gleich des Hauses
abzusperren; aus der Wohnungstür geradezu in den Schnee
der stillen Gasse zu treten«, vertraut er Felice Bauer an.
Kafka kann hier schreiben, aber für eine Schlafstelle reicht
der Platz schon nicht mehr. Manchmal steht selbst das
Schreiben in Frage, es herrscht Kohlenmangel im Kriegs-

winter 1916/17. Aber solche Widrigkeiten nimmt Kafka ohne weiteres hin, er genießt den oft verschneiten Weg zur Burg hinauf oder den mitternächtlichen zurück nach Hause, »der Weg, der mir den Kopf kühlt«. Und im Goldenen Gässchen entsteht ein Teil jener Erzählungen, die den Band *Ein Landarzt* bereichern werden.

Nový Svět / Neue Welt – »Diese Gegend heißt mit Unrecht die ›Neue Welt‹. [...] Baufälliges Winkelwerk von Häusern drängt sich hier wie auf Abbruch. Versehentlich hat die weit ins Land hinauszielende Entwicklung diesen Moder links liegen lassen, mit seinen schiefen Dächern, wurmstichigen Loggien, schmutzigen Höfchen und ausgetretenen Holzstiegen.« Als Gasse von Hradčany, der Hradschin-Vorstadt, führen die Prager Stadtpläne noch immer die ›Neue Welt‹ Franz Werfels. Teta Linek, Hauptfigur seines Romans *Der veruntreute Himmel* (1940), muss hier ihre letzten Hoffnungen begraben. Die Wirtschafterin hat ihr ganzes Geld in die Ausbildung ihres Neffen Mojmir zum Priester gesteckt, und trotz böser Ahnungen an sein Streben nach dem geistlichen Amt geglaubt. Denn Teta gibt ihr Erspartes und vom Mund Abgespartes keineswegs aus uneigennützigen Motiven, sie sieht es vielmehr als Investition, die ihr die Anwartschaft auf das Paradies sichern soll. Diese Rechnung geht nicht auf. Sie selbst treibt ihre Desillusionierung bis zum Äußersten. Und die ›Neue Welt‹ bietet zweifellos die ideale Kulisse, um sie über die grausame Wahrheit zu belehren: ihr Schützling ist ein Mensch von unvorstellbarer Verkommenheit, der nie einen Augenblick ans Priesteramt, sondern immer nur an das Geld der Tante gedacht hat. Diese Prager Lokalität fügt sich passgenau in die Topographie des Romans und zeigt einmal mehr, wie eng Franz Werfel seiner Geburtsstadt jedenfalls literarisch verbunden blieb. Heute

Bei gähnender Leere – das Goldene Gässchen

haben die kleinen Häuser am südlichen Rand der hohlweg-ähnlichen Gasse großenteils eine gepflegte Fassade, aber trotz dieser Tünche und trotz allen Golds in den histori-schen Hausnamen lässt sich die atmosphärisch dichte Beschreibung Werfels noch nachvollziehen.

DAS LITERATURKLOSTER STRAHOV. Zwar hat das Tschechische Nationalmuseum für Literatur im Prä-monstratenserkloster seinen Sitz, seine Arbeitsräume und sein Archiv, das u. a. Nachlässe von 2088 Autoren und litera-rischen Institutionen beherbergt. Leider zeigt das Museum keine ständige Ausstellung mehr. Aber auch die Ordensnie-derlassung selbst besitzt eine wertvolle Büchersammlung, zu ihren etwa 130.000 Bänden gehört auch das wahrhaft epochale Werk des Nikolaus Kopernikus *De revolutionibus orbium coelestium*. Bedeutendstes Einzelstück ist das *Stra-hover Evangeliar*, ein Kodex von 218 Blättern, dessen vier imposante Evangelistenbilder als Faksimile gezeigt werden. Sie entstanden etwa 990 in der Schreibstube des Martins-klosters bei Trier, damals einem Zentrum der Buchmalerei. Die Texte sind sogar noch älter, sie wurden um 800 nieder-geschrieben. Besichtigen lassen sich die beiden großartigen Bibliotheksräume des Klosters, der Philosophische und der Theologische Saal. Im älteren, dem Theologischen Saal, steht auch jener Schrein, hinter dessen Gitter die verbotenen Bücher ruhen wie Reliquien. Gegenüber seiner gedrun-genen Jochfolge macht der schon klassizistische Philoso-phische Saal einen ganz anderen Eindruck. Über zwei Stockwerke hinauf reichen hier die Bücherschränke aus Nussbaumholz, die ursprünglich im aufgelösten Kloster Louka standen. Hoch an die Decke hat Anton Maulpertsch 1794 das gewaltige *Ringen der Menschheit um das Erkennen der wahren Weisheit* gemalt.

Literaturhinweise

Guillaume Apollinaire, Erzketzer & Co, Heidelberg 1986

Oskar Baum, Die Tür ins Unmögliche, Wien/Darmstadt 1988

Max Brod u. a., Das jüdische Prag. Eine Sammelschrift, Kronberg/Ts., 1978 (Neuausgabe des 1917 im Verlag der Jüdischen Selbstwehr erschienenen Buches)

Max Brod, Der Prager Kreis, Frankfurt am Main 1979 (= st 547)

Max Brod, Streitbares Leben, München 1960

Karel Čapek, Bilder aus der Heimat, Berlin–Weimar 1988

ders., Hordubal, Der Meteor, Ein gewöhnliches Leben. Romantrilogie, Stuttgart 1999

ders., Gespräche mit Masaryk, Stuttgart 2001

ders., Der Krieg mit den Molchen, Berlin 2000

Jiří Gruša, Als ich ein Feuilleton versprach, Wien 2004

ders., Gebrauchsanweisung für Tschechien und Prag, SP 7526

Jaroslav Hašek, Die Abenteuer der braven Soldaten Schweijk, Aufbau Taschenbücher Bd. 1926

ders., Der Urschwejk und anderes aus dem alten Europa und dem neuen Russland, Stuttgart 1999

ders., Geschichte der Partei des gemäßigten Fortschritts im Rahmen des Gesetzes, Berlin 2005

Václav Havel, Briefe an Olga. Betrachtungen aus dem Gefängnis, rororo Taschenbücher Nr. 13018

ders., Das Gartenfest – Die Benachrichtigung, rororo Taschenbücher Nr. 12736

ders., Vanek-Trilogie. Theaterstücke, rororo Taschenbücher Nr. 12737

Karel Havlíček Borovský, Die Taufe des heiligen Waldimir und andere satirische Verse, Prag 1957

ders., Polemische Schriften, München 2001

Bohumil Hrabal, ich habe den englischen König bedient, st 1754

ders., Allzu laute Einsamkeit und andere Texte, München 2003

Vladímir Holan, Gesammelte Werke. Deutsch-tschechische Ausgabe, Band 1: Lyrik I – 1932–1937, Köln 2005; Band 8: Epische Dichtungen III – Nacht mit Hamlet und andere Poeme, Köln 2004

Franz Kafka, Kritische Ausgabe der Schriften, Tagebücher, Briefe, Frankfurt a. M. 1982 ff.

Egon Erwin Kisch, Aus Prager Gassen und Nächten. Prager Kinder. Die Abenteuer von Prag, Berlin und Weimar 1987 (4. Auflage)

ders., Marktplatz der Sensationen, Berlin 1979 (4. Auflage)

Pavel Kohout, Wo der Hund begraben liegt, München 1987

Milan Kundera, Die unerträgliche Leichtigkeit des Seins, München 1984

Paul Leppin, Gesammelte Werke in 5 Bänden, Zürich 2007 ff.

Karel Hynek Mácha, Máj. Zweisprachige Ausgabe (Übersetzungen von Otto F. Babler und Wather Schamschulla), Köln–Wien 1983

ders., »Die Liebe ging mit mir…«. Prosa, Poesie, Tagebücher, München 2000

Walter Mehring, Von Schlafenden, in: Der Zeitpuls fliegt!, rororo 282

Gustav Meyrink, Gesamtausgabe in 6 Bänden, München–Wien 1982

Libuše Moniková, Prager Fenster, München–Wien 1994

dies., Die Fassade, dtv 13141

dies., Verklärte Nacht, dtv 13542

Harry Mulisch, Die Prozedur, rororo 22710

Robert Musil, Briefe nach Prag, Reinbek bei Hamburg 1971

Božena Němcová, »mich zwingt nichts als die Liebe«. Briefe, München 2006

Jan Neruda, Kleinseitner Geschichten, Fürth i. W. – Prag 2005

ders., Bilder aus dem alten Prag, Berlin und Weimar 1988 (5. Aufl.)

Vítězslav Nezval, Ausgewählte Gedichte, Frankfurt am Main 1967 (es 235)

Hans Natonek, Kinder einer Stadt, Wien 1987

ders., Blaubarts letzte Liebe, Wien 1988

ders., Im Geräusch der Zeit. Gesammelte Publizistik, Leipzig 2006

Cynthia Ozick, Puttermesser und ihr Golem, München–Zürich 1978

Leo Perutz, Nachts unter der steinernen Brücke, Wien u. a. 1988

Karel Poláček, Wir fünf und Jumbo, München 2001

Lenka Reinerová, Es begann in der Melantrichgasse, Aufbau Taschenbuch 2204

dies., Närrisches Prag, Aufbau Taschenbuch 2285

Anna Seghers, Die Reisebegegnung, in: Sonderbare Begegnungen, Darmstadt und Neuwied 1973

Jaroslav Seifert, Auf den Wellen von TSF. Gedichte. Nachdichtungen von Friedrich Achleitner, H. C. Artmann, Jan Faktor, Gerhard Rühm, Peter Weibel, Wien-Nussdorf 1985

Karel Teige, Liquidierung der Kunst. Analysen Manifeste, Frankfurt am Main 1968 (= es 278)

Jáchym Topol, Engel Exit, Berlin 1997

ders., Zirkuszone, Frankfurt a. M. 2007

Friedrich Torberg, Die Tante Jolesch oder Der Untergang des Abendlandes in Anekdoten, (München) 1975

Niclas Ulenhart, Historia von Isaac Winckelfelder und Jobst von der Schneid 1617. Kommentiert und mit einem Nachwort von Gerhart Hoffmeister, München 1983 (= Literatur-Kabinett. Deutsche Literatur in Reprints, Band 1)

Hermann Ungar, Sämtliche Werke in drei Bänden, Oldenburg 2001 (Bd. 1 Romane), 2002 (Bd. 2 Erzählungen und Bd. 3 Gedichte, Dramen, Feuilletons, Briefe)

Johannes Urzidil, Da geht Kafka, München 2004

Joseph Wechsberg, Forelle blau und schwarze Trüffeln. Wanderungen eines Epikureers, München 1994

Ernst Weiß, Jarmila. Eine Liebesgeschichte aus Böhmen, Frankfurt a. M. 1998

Franz Werfel, Barbara oder Frömmigkeit, Fischer Taschenbuch 9463

ders., Der Abituriententag. Geschichte einer Jugendschuld, Fischer Taschenbuch 9455

ders., Das Trauerhaus, in: Meistererzählungen, Fischer Taschenbuch 16645

ders., Der veruntreute Himmel. Geschichte eine Magd, Frankfurt a. M. ²2002

Paul Wiegler, Das Haus an der Moldau, Berlin 1934

Zikmund Winter, Magister Kampanus. Ein Historienbild, München 2002

Anthologien

Bruno Brandl (Hg.), Liebe zu Böhmen. Ein Land im Spiegel deutschsprachiger Dichtung, Berlin 1990

Květoslav Chvatík (Hg.), Die Prager Moderne. Erzählungen, Gedichte, Manifeste, Frankfurt am Main 1991

Urs Heftrich und Michael Špirit (Hgg.), Höhlen tief im Wörterbuch. Tschechische Lyrik der letzen Jahrzehnte, München 2006

Karl-Heinz Jähn (Hg.), Das Prager Kaffeehaus. Literarische Tischgesellschaften, Berlin 1988

Peter Sacher (Hg.), Tschechische Erzähler des 19. und 20. Jahrhunderts, Zürich ²1990

Sekundärliteratur

Hartmut Binder, Wo Kafka und seine Freunde zu Gast waren. Prager Kaffeehäuser und Vergnügungsstätten in historischen Bilddokumenten, Prag 2000

Peter Demetz, Prag in Schwarz und Gold. Sieben Momente im Leben einer europäischen Stadt, München–Zürich 1997

Jiří Holý, Geschichte der tschechischen Literatur des 20. Jahrhunderts, Wien 2003

Daniel Kraft u. a., Kde domov můj … – Wo ist meine Heimat … Spuren tschechisch-deutscher Gemeinsamkeiten im 19. Jahrhundert, Dresden 1999

Karl Krolop, Studien zur Prager deutschen Literatur, Wien 2005

Antonín Měšťan, Deutsche Muse tschechischer Autoren, München 1989

Walter Schamschula, Geschichte der tschechischen Literatur. Band II: Von der Romantik bis zum ersten Weltkrieg, Köln 1996

ders., Geschichte der tschechischen Literatur. Band III: Von der Gründung der Republik bis zur Gegenwart, Köln 2004

Jürgen Serke, Böhmische Dörfer. Wanderungen durch eine verlassene literarische Landschaft, Wien–Hamburg 1987

Bildnachweis

Personenregister

Adam, Damiel (z Veleslavína) 29
Adorno, Theodor W. 104
Andersen, Hans Christian 20
Apollinaire, Guillaume 35 f., 45, 130, 132, 186 f.
Arnim, Achim von 40

Bakunin, Michail 22
Bass, Eduard 149
Bauer, Felice 66
Baum, Oskar 34, 55, 70, 94 ff.
Bergmann, Hugo 118
Beruč, Petr 11
Blau, Sigismund 102
Bolzano, Bernhard 20 f.
Brahe, Tycho 20
Brecht, Bertolt 69, 127, 128
Bredel, Willi 71
Brentano, Clemens 146
Brentano, Franz 118
Breton, André 7, 133
Brod, Max 14, 16, 19, 20, 28 f., 45, 48, 52 f., 54 ff., 65, 70, 77, 79, 89, 91, 94 f., 98, 101, 102, 104, 118, 127, 151, 183
Buber, Martin 49

Calve, Johann Gottfried 57
Čapek, Josef 139 f., 182

Čapek, Karel 69, 111, 119, 130, 139 ff., 182 f., 183
Caruso, Enrico 105
Čech, Svatopluk 65

Dahn, Felix 19
David-Rhonfeld, Valerie von 92
Demetz, Hans 91
Demetz, Peter 26, 49, 91, 111
Deutsch, Ernst 136
Dobrovský, Josef 146, 153
Döblin, Alfred 160
Durych, Jaroslav 160
Dušek, Josefine 168
Dvořák, Antonín 128 f.

Fanta, Bertha 13 f.
Filip, Ota 122, 160
Flake, Otto 173
Fontane, Theodor 7, 22
Freund, Ida 13
Frič, Vaclav 64
Fuchs, Alfred 89
Fuchs, Rudolf 11
Fürnberg, Louis 70, 128

Gebauer, Jan 109
Goldstücker, Eduard 18
Grab, Hermann 103 ff.
Grillparzer, Franz 147, 184 ff.

Grimm, Jakob 40
Gruša, Jiří 117 f.

Haas, Willy 7, 70, 90
Halas, František 111
Hanka, Václav 108 f.
Hartmann, Moritz 63, 64
Hašek, Jaroslav 56, 122 ff., 157, 182
Havel, Václav 72 ff., 180
Havlíček, Karel 87 f.
Hebbel, Friedrich 40
Hedrich, Franz 32
Heine, Heinrich 32
Herben, Jan 64
Herder, Johann Gottfried 107 f., 145
Herrmann, Ignát 34
Herzfelde, Wieland 68
Heym, Stefan (Helmut Flieg) 69
Hiller, Kurt 55
Hladik, Vaclav 34
Hoffmann, E.T.A. 25
Hoffmeister, Adolf 131
Holan, Vladimír 119, 151, 154 f.
Hora, Josef 149
Horníček, Miroslav 120
Hrabal, Bohumil 22 f., 59 f.
Hus, Jan 61, 63 ff.

Jacobsohn, Siegfried 102
Janáček, Leoš 56, 117
Janowitz, Franz 101
Jirásek, Alois 65
Josef II., Kaiser 25, 33
Juncker, Axel 56
Justl, Vladimír 120

Kafka, Franz 14 ff., 19, 20 f., 27, 34, 39, 41, 44 ff., 52 f., 55, 56, 57, 65 ff., 79, 85 ff., 89 f., 91, 94 f., 111 f., 115, 118, 134, 138, 162, 187 f.
Kamper, Jaroslav 34
Karásek, Jiří 183
Kaufman, Philip 84
Kerr, Alfred 172
Kinský, Franz Joseph Graf 18
Kisch, Egon Erwin 9, 30 f., 41 f., 49, 71 f., 80, 89, 90, 106, 109, 115, 116, 133, 153, 168
Kisch, Paul 49, 70
Klaar, Alfred 94
Kleist, Heinrich von 157 f.
Kohout, Pavel 120, 149, 179 f.
Kokoschka, Oskar 161 f.
Komenský, Jan Amos (Johann Amos Comenius) 160 f.
Kornfeld, Paul 7, 70, 90, 136 f.
Kraus, Karl 52, 96 ff.
Kuh, David 109
Kundera, Milan 83 ff.
Kunze, Reiner 120

Langer, František 89, 119, 123, 182
Lasker-Schüler, Else 39
Laurin, Arne (Arnošt Lustig) 112 f.
Lem, Stanislav 44
Lenau, Nikolaus 62, 155
Leppin, Paul (Eduard von Peppler) 28 f., 35, 48, 89
Lessing, Gotthold Ephraim 25
Libussa 144 ff.
Liliencron, Detlev von 41, 158
Löw, Rabbi (Juda ben Bezalel) 40

Mácha, Karel Hynek 6, 59, 120, 149, 175 ff.
Mann, Heinrich 69
Mann, Thomas 69, 171 f.
Marinetti, Emilio Filippo 133
Masaryk, Tomáš G. 109, 112, 161, 181 ff.
Mauthner, Fritz 72, 78
May, Karl 90
Mehring, Walter 72, 165 f.
Meissner, Alfred 31 f., 63, 64, 87
Melantrich, Jiří (z Aventina) 29
Meyrink, Gustav 41, 48, 177 ff., 184
Michálek, Vladimír 169
Mörike, Eduard 25
Moníková, Libuše 116 f.
Mozart, Wolfgang Amadeus 25, 168
Mrštík, Vilém 34
Mulisch, Harry 43
Musäus, Johann Karl August 145
Musil, Robert 113

Natonek, Hans 82 f.
Němcová, Božena 134 ff.
Neruda, Jan 163 ff.
Neumann, Angelo 105
Nezval, Vítězslav 6, 35, 38, 131, 133 f.
Nostitz, Franz Anton Graf 25

Ozick, Cynthia 44

Palacký, František 63
Pallenberg, Max 127
Peroutka, Ferdinand 183
Perutz, Leo 13, 35, 36, 78, 153
Pick, Otto 47, 89, 112, 172

Pinthus, Kurt 55
Piscator, Erwin 127
Poláček, Karel 182
Polgar, Alfred 102
Pollak, Oskar 34
Puchmajer, Antonín 64

Reimann, Hans 127
Reiner, Lene 127
Reinerová, Lenka 8, 30, 115 f.
Rilke, Rainer Maria 13, 38, 48, 81, 92 ff., 153, 155 ff.
Rowohlt, Ernst 137
Rudolf II., Kaiser 20, 183 f.

Sachs, Hans 145
Salus, Hugo 97 f., 102, 128
Sanzara, Rahel 138
Sauer, August 94
Schiller, Friedrich 158
Sealsfield, Charles (Karl Postl) 58 f., 62
Seghers, Anna 167 f.
Seifert, Jaroslav 10 f., 13, 122, 129 ff., 149, 151
Škroup, František 25
Škvorecký, Josef 128
Špindler, Ervín 121
Šrámek, Fráňa 113
Stifter, Adalbert 147 f.
Styrský, Jindřich 38
Suttner, Bertha von 19
Světla, Karolina (Johanna Rott) 57

Taussig, Elsa 45
Teige, Karel 129, 131 f., 133
Teweles, Heinrich 101
Thieberger, Friedrich 16

Topol, Jáchim 169
Topol, Josef 169
Torberg, Friedrich 43, 56, 76 f.,
    102
Trnka, Jiří 127
Tschuppik, Karl 101
Tyl, Josef Kajetán 25 f., 63, 88

Ulenhart, Niclas 174
Ungar, Hermann 102, 171 ff.
Urzidil, Johannes 78 ff., 89, 101

Vančura, Vladislav 133, 183
Vaněk, Karel 126
Viertel, Berthold 102
Vilímek, Richard 90
Vischer, Melchior (Emil Walter
    Kurt Fischer) 114 f.
Vrchlický, Jaroslav 35, 92, 181

Wagner, Richard 105

Wechsberg, Joseph 24
Weiskopf, Ferdinand Carl 25,
    26, 70 f., 116, 133
Weiß, Ernst 26, 70, 138 f.
Weltsch, Felix 94
Weltsch, Robert 49, 55
Wenzig, Josef 121
Werfel, Franz 7, 11, 17, 27, 51 f.,
    55, 72, 80, 81, 89 f., 98 f., 103,
    105, 113, 136, 189
Werich, Jan 127, 154
Wiegler, Paul 34, 39, 72
Winder, Ludwig 46 ff., 55, 70,
    72, 102
Winter, Zigmund 13
Wolff, Kurt 56

Zemlinsky, Alexander von 105
Zeyer, Julius 92, 149
Žižka, Jan 62 ff.
Zweig, Stefan 171